DAMIANO MODENA

CARLO MARIA MARTINI
WENN DAS WORT VERSTUMMT

Damiano Modena

CARLO MARIA MARTINI
WENN DAS WORT VERSTUMMT

VERLAG NEUE STADT
MÜNCHEN · ZÜRICH · WIEN

Für Cäcilia
Hinter dir Jahrhunderte voller Noten.
Vor dir ein leeres Pentagramm.

Titel der Originalausgabe:
Damiano Modena, Carlo Maria Martini. Il silenzio
della Parola, © 2013 Edizioni San Paolo s.r.l.,
Cinisello Balsamo (Mailand)
Übertragung ins Deutsche: Stefan Liesenfeld

2014, 1. Auflage
© Alle Rechte bei Verlag Neue Stadt, München
Umschlaggestaltung und Satz: Neue-Stadt-Graphik
Umschlagfoto: © Tommaso Bonaventura/ Contrasto
Druck: fgb – Freiburger Graphische Betriebe, Freiburg i. Br.
ISBN 978-3-87996-1001-1

www.neuestadt.com

Inhalt

Zu diesem Buch 7

I – Von Jerusalem in den Schatten
   der großen Zedern 11

II – Die Krankheit, eine „schwierige Freundin" ... 29

III – Lächeln über die eigenen Schwächen 55

IV – Wie Abraham bei den Eichen von Mamre ... 71

V – Von oben betrachtet 89

VI – Im Schweigen: Gott 115

VII – „Geht in Frieden" 129

Dank 155

Lebensdaten 157

Zu diesem Buch

Carlo Maria Martini (1927–2012) war ein Mann des Wortes, jenes Wortes, das unser Reden und Tun erhellt, klärt, richtet und aufrichtet: Das Wort der Bibel zu durchdringen und zu verkünden war sein großes Anliegen. Erst danach und auf diesem Hintergrund war er alles andere: Jesuit, Wissenschaftler, Erzbischof von Mailand, Kardinal, emeritierter Erzbischof – und schließlich auch einer der vielen von einer schweren Erkrankung Getroffenen, in seinem Fall: die Parkinson-Krankheit.

Er, der vielen Menschen Hoffnung und Orientierung geben konnte durch sein unerschütterliches Leben und Denken aus der Mitte des Evangeliums, hat gerade in seinen letzten Jahren vorgelebt, wie das Wort trägt, wenn es ernst wird. Sogar dann, als das Wort verstummte, nicht nur das eigene. In Jerusalem, seinem geliebten Wohnort in den ersten Jahren nach seiner Emeritierung, hatte er die berühmten „Nacht*gesprä*-

che" geführt; im Alterssitz der Jesuiten im norditalienischen Gallarate machte er dann seine tiefsten „*Nachterfahrungen*". Wenn *das* Wort verstummt, wenn Gott schweigt, tun sich neue Einblicke in das Geheimnis des Lebens auf, ins *Mysterium*.

Padre Damiano Modena war Martinis Sekretär und sein engster Begleiter in seinen letzten, nach außen kaum bekannten und wohl doch wichtigsten Lebensjahren, in denen mehr und mehr sichtbar wird, wie das verstummte Wort zum *lebendigen* Wort werden kann, das umso mehr spricht (vielleicht gilt das für Gott und die Menschen). In immer neuen, thematisch, nicht chronologisch geordneten Anläufen gibt Padre Damiano Anteil an diesem ergreifenden Ineinander von ganz unten und ganz oben, von ganz Menschlichem und Göttlichem, an diesem LEBEN bis zuletzt – und, wie er schreibt, „darüber hinaus".

Zu diesem Ineinander gehört auch dasjenige, was wir in Zeiten, da wir bei Kräften und „stark" sind, gerne verdrängen, die Härte der Krankheit. Darüber zu sprechen, ist eine Gratwanderung. „Er hatte keine schöne und edle Gestalt, sodass wir ihn ansehen mochten", heißt es vom Gottesknecht im Buch Jesaja (53,2). Wer persönlich oder im nächsten Umfeld mit einem vergleichbaren Schicksal konfrontiert ist, wird das noch stärker wahrnehmen. Kein Krankheitsverlauf ist wie der andere, niemand weiß im Voraus, was wann und wie auf einen zukommt. In dieser Hinsicht ist das Vertrauen, in guten Händen geborgen zu sein, das Kardinal Martini in und trotz aller Krisen ausgestrahlt hat, wegweisend: Was bleibt, ist der Augenblick, das je neue Mitgehen mit dem, was das Leben einem zumutet und Gott einem zuzutrauen scheint, das je neue Verstehen, was nun ansteht.

Padre Damiano hat die harten Seiten von Carlo Maria Martinis persönlichem Los nicht verschwiegen, und er folgt damit genau der Linie, der Martini selbst gefolgt ist: nichts zu verheimlichen, aber es möglichst so zu kommunizieren, dass es die anderen – die Gäste, die Leserinnen und Leser – nicht verstört. Es ist tröstlich zu sehen, dass es auch in einem schwierigen Krankheitsverlauf hier und da, zumindest für eine gewisse Zeit, auch unerwartete positive Wendungen geben kann, zum Beispiel wie Martinis Sprachvermögen doch ein wenig wiederkommt ...

Besonders deutlich wird, wie wesentlich das Dasein guter Menschen in Zeiten der Krankheit ist. Martini wusste dies dankbar wertzuschätzen, und er wusste auch, dass eine solche kompetente wie einfühlsame

Begleitung bis zuletzt leider keineswegs selbstverständlich ist. In seinem letzten, Aufsehen erregenden Interview, das er wenige Wochen vor seinem Tod überraschend geben konnte, sagte Martini nicht nur wegweisende Dinge über die Kirche heute, über den Umgang mit Patchworkfamilien, über den Sakramentenempfang usw., sondern gab auch ein eindrucksvolles persönliches Zeugnis: „Ich bin alt und krank und auf die Hilfe von Menschen angewiesen. Die guten Menschen um mich herum lassen mich die Liebe spüren. Diese Liebe ist stärker als die Hoffnungslosigkeit ..."

Wir können Padre Damiano dankbar sein, dass er über alle verständlichen Bedenken hinweg sich zu diesem Buch, zu diesem Lebenszeugnis durchgerungen hat. Ferruccio de Bortoli, der Direktor der großen italienischen Tageszeitung *Corriere della Sera*, meinte, es seien Worte, „die wir unseren Freunden und unseren Kindern mit auf den Lebensweg geben möchten". Treffender lässt es sich nicht sagen.

Stefan Liesenfeld

Ein kurze Anmerkung zur Übertragung aus dem Italienischen: Wo immer es möglich schien, wurde versucht, den besonderen literarischen Stil mit oft nur Angedeutetem, dann assoziativ-bilderreich Ausgeführtem zu wahren.

I

Von Jerusalem
in den Schatten der grossen Zedern

*Die Bäume des Herrn trinken sich satt,
die Zedern des Libanon, die er gepflanzt hat.
(Psalm 104,16)*

26. November 2012. Die letzten Dinge in dem kleinen Zimmer neben dem seinen sind eingesammelt; endlich ist alles aufgeräumt: Nur die Möbel sind noch da.

Das Leben anderer Menschen bringt eine eigentümliche, fröhliche Unordnung mit sich, die einem manchmal geradezu den Atem nehmen kann. Die Ordnung hingegen ist Sache des Todes: Er sorgt dafür, dass die Koffer gepackt werden.

Ich stehe lange am Fenster, der Blick geht nach draußen: Alles wirkt so eng, wie zusammengezogen, auch die tagtäglich betrachtete Landschaft. Etwas ist anders als sonst. Die herbstlichen Bäume, so schön sie auch sein mögen, haben ihren Zauber verloren; nackt sind sie und reglos, wie im Schlaf. Wie der Tod. Wenn sich die Blätter von ihrem Lebensquell lösen und sich ins Erdreich betten: ist das Tod oder Leben? Die Fensterläden werden geschlossen. Auf jeden Herbst folgt der Winter.

Was nach einer Addition aussieht, ist in Wahrheit oft eine Subtraktion. Man kann zum Beispiel alle möglichen Titel erwerben und ist doch erst dann wirklich Mensch, wenn man lernt, diesen Ballast abzuschütteln, wie sich ein Hund nach einem unerwarteten Regenguss vom Wasser befreit. Titel hat Carlo Maria Martini wahrlich zur Genüge erworben: Professor, „Rettore Magnifico", Eminenz, Kardinal, Alterzbischof von Mailand ... Wer ihn so ansprach, vernahm prompt die „Subtraktion": „Sagen Sie einfach ‚Padre' [Pater]! Das ist mehr als genug."

Kaum mehr als zwei Monate sind vergangen seit jenem 31. August. Der letzte Atemzug eines lebendigen Menschen nimmt einem die Luft; alles ist unterbrochen, hängt in der Schwebe, wenn derjenige stirbt, dessen Atem man über Jahre gelauscht hat, prüfend, ob alles in Ordnung ist, ob der Brustkorb sich wieder hebt und senkt. Es ist schwer zu glauben, dass *dieser* Atemzug tatsächlich der letzte gewesen sein soll. Man sagt sich: „Einen Augenblick noch, er wird schon wieder atmen! Es war doch immer so!" Nein, diesmal ist es nicht so.

Was einem ein wenig Frieden geben kann, ist das Wissen, all seine Kräfte eingesetzt, den Bogen beinahe überspannt zu haben. Es war schlicht die Treue zu einem gegebenen Versprechen. „Traust du es dir zu, mich bis zum Tod zu begleiten?", hatte er gefragt. „Wenn Sie meinen, ich wäre der Richtige, dann ja, Padre! Auch darüber hinaus!"

Wie bewegend ist es, wenn ein treuer Hund unentwegt zwischen dem Grab seines toten Herrchens und seinem Zuhause hin und her läuft. Mit den Beileidsbekundungen der Menschen tun wir uns oft schwerer. Am besten ist es, wenn sie möglichst einfach und direkt ihrer Dankbarkeit Ausdruck verleihen.

„Danke für alles, was Sie für unseren Kardinal getan haben!" Offen bleibt, was dieses „alles" meint. Wenn ein Mensch stirbt, ist da dieses niederdrückende Gefühl des Nichts: Die ganze Ohnmacht der Liebe wird nach oben gespült. „Ich habe nichts anderes getan, als jeder Sohn tun würde." Das „alles" hat kein Gewicht, ist belanglos, ohne Konsistenz – seit eh und je. Millionen Kinder bereichern ihre kranken Eltern nur dadurch, dass sie ihnen geduldig Zeit schenken. Geduldig Zeit schenken, das gilt anderen als vertane Zeit.

Das meistgebrauchte Wort von Kardinal Martini war „Danke!". Man kann nur da beginnen: bei diesem immer neu ausgesprochenen „Danke", das seinen vielen freundschaftlichen Beziehungen eine besondere Note verlieh, bei seinem Dank für die Herzlichkeit, die fachkundige Begleitung, die Zuneigung und Unterstützung, die ihm zuteil wurden. Es war kein unreflektiert dahingeworfenes Danke, so wie man es im Getümmel an der S-Bahn dem Verteiler von Werbezetteln sagt, die nach ein paar Metern im Abfallbehälter landen. Nein, sein „Danke" war schön und kostbar wie eine gute Flasche Wein, die Frucht einer mühseligen Lese ist.

Die Zeit nach seinem Tod war nicht nur innerer Friede. Wie Buchhalter kurz vor Ablauf einer Frist unruhig werden, so stiegen auch in mir Fragen auf: Hätte ich mehr tun können? Mit mehr Sachverstand und Liebe ihm beistehen sollen? Mehr auf seine Bedürfnisse und seine Sensibilität Rücksicht nehmen müssen? Die Antwort war immer: Nein, mehr ging einfach nicht. Doch solcher Trost hält nicht lange; der bohrende Gedanke an diese oder jene Situation steigt auf: Da wäre mehr Aufmerksamkeit nötig gewesen, dort mehr Einsatz; auf diesem Foto sieht mein Lächeln allzu gezwungen aus. Wertungen, Einschätzungen: Treffen sie zu? Bedenkt man die Umstände, die an die Leinwand erinnern, auf der ein Bild entsteht, berücksichtigt man die lang sich hinziehende Zeit, so muss man wohl sagen: Mehr ging wirklich nicht …

Carlo Maria Martini hat nie um etwas gebeten, sich nie über die tagtäglichen Unannehmlichkeiten und Schwierigkeiten beklagt. Auch nicht über die leidige, fast absolute Stille im Haus; sie war geboten, um seine Versuche, sich bemerkbar zu machen, nicht zu überhören, nachdem ihm die uns Menschen auszeichnende hohe Gabe des Sprechens fast gänzlich abhanden gekommen war. Auch nicht darüber, dass im Sommer die Sonne nicht direkt in sein Zimmer scheinen durfte, weil seine Augen die Helligkeit nicht mehr vertrugen. Auch nicht darüber, dass beim Aufstehen oder Gehen sein immer schwächer werdender Händedruck mit einem immer festeren erwidert werden musste, um ihn zu halten, da sein Gleichgewichtssinn ihm mehr und mehr entschwand.

Dieser Mann des Wortes hinterlässt Tausende geschriebener Seiten, Ton- und Bildaufzeichnungen. Was er schrieb und sagte, das war nicht nur Rhetorik. Es waren authentische Worte, tief, aufbauend, weise, ermutigend, menschlich und vom Evangelium durchdrungen. Worte, die manchmal sogar lebensrettend waren. Wiederholte Worte. Worte, die von verschiedenen Seiten her etwas Bestimmtes erschließen sollten. Dichte, hochkonzentrierte Worte. Aus dem von der Krankheit aufgezwungenen Schweigen heraus wispert er eines Tages unter größter Mühe: „Du musst dich mehr anstrengen, du musst, du kannst mir helfen, die Stimme wiederzufinden! Mit deiner Hilfe werde ich wieder sprechen können."

Welch bittere Enttäuschung für ihn – zumal angesichts eines solchen Aufschwungs! – zu sehen, wie sein Gegenüber nicht umhin kann, den Blick zu senken, weil ihn ein Gefühl bodenloser Ohnmacht überkommt.

Der Tod bringt Schweigen; das Instrumentarium der Sinne stellt keine Verbindung mehr her zu dem Großen, was ein Mensch zu Lebzeiten kundtun kann: zu seinem Herzen und seinem Verstand, seiner Neugier, seinem Urteilsvermögen und seiner Unterscheidungsgabe. Die Kommunikation bricht ab. Vielleicht kann man sagen: mit einer kleinen Ausnahme. Der Geruchssinn verbindet einen noch irgendwie mit dem anderen ... Sonst nichts. Ein Geheimnis. Jeder Mensch verströmt einen eigenen Geruch. Auch der menschgewordene Gott, der als kleines Knäuel in der Krippe vom Stroh und dem Atem der Tiere gewärmt wurde und dessen Kleidung Maria später mit wohlriechender Lavendelessenz gewaschen haben wird ...

* * *

Wer sagt: „Was du in dieser Zeit mit ihm erlebt hast, das musst du unbedingt aufschreiben!", weiß nicht, worum er bittet. Das gemeinsam Erlebte halbwegs angemessen in Worte fassen, wie soll das gehen? Gewiss, manche Erfahrungen *müssen* weitergegeben werden. Man muss sich seines Weges vergewissern. Woher man kommt. Wohin man geht. Durch welche Felder der Weg führte, über welche Ähren man seine Hände streifen ließ ... Schreiben hilft. Aber gibt es wirklich Einblick in das Geheimnis eines Menschen, das in und hinter allem Vordergründigen und Alltäglichen liegt?

Im Nachhinein über einen Menschen zu schreiben, ist ein wenig wie das Aufräumen nach einem Fest. Die Tafel wird abgeräumt; die Reste auf dem Teller, von dem einer gegessen hat, sagen vielleicht etwas über seine kulinarischen Vorlieben. Wer im Nachhinein über einen Menschen schreibt, sammelt Krümel. Die wahre, die ewige Geschichte dieses Menschen vermag nur einer zu schreiben: Gott allein. Nur der Gottesgeist schafft die Bezüge zum großen Ganzen, die Zusammenschau: was ein Mensch war und ist und sein wird.

* * *

Ein paar Angaben zur Chronik sind wichtig, damit die Erinnerungen und Gedanken nicht in der Luft hängen. 2002 entschloss sich Kardinal Martini, die letzten Lebensjahre in Jerusalem zu verbringen und sich dort für den Frieden einzusetzen und Frieden zu erbitten. Seine Einladung, ihn dort zu besuchen, war an alle gerichtet, besonders an jene, die noch nie im Heiligen Land gewesen waren ... Unter dem Vorwand, Kardinal Martini besuchen zu wollen, konnte jeder das Pflaster der Heiligen Stadt betreten.

Wer ihn besuchte, lernte, mit seinen Augen Jerusalem in seiner verborgenen Schönheit zu sehen, beim gemeinsamen Gang durch die Stadt mit seinen Ohren zu lauschen und diese unverwechselbare Atmosphäre einzuatmen. Martinis Sensibilität war wie eine Impfung gegen die Enttäuschung darüber, dass die Stadt sich längst ganz anders präsentiert als zur Zeit Jesu und der Apostel. Wenn er seine Gäste nicht persönlich zur Grabeskirche begleiten konnte, führte er sie hinaus auf die Terrasse des Bibelinstituts und zeigte mit seinem Stock in Richtung Jaffator, Dormitiokirche und zum jüdischen Friedhof am Ölberg.

Im Juli 2003 habe ich ihn zum ersten Mal dort besucht. Ich wollte nach Jerusalem, und ich wollte zu ihm. Die Sonne brannte bereits in der Früh.

„Um halb neun wird es schon sehr heiß; es ist gut, einen Hut aufzusetzen. Hast du deinen Hut?", fragte er, bevor er die Zimmertür schloss, um mit mir zum Heiligen Grab zu gehen. Er freute sich, an einem Ort Touristen- und geistlicher Führer zu sein, wo sich niemand vor ihm verbeugt oder ihm ehrfürchtig den Bischofsring küsst …

„Nein!", erwiderte ich.

„Dann bekommst du einen von mir!"

„O, vielen Dank, Padre! Wer weiß, vielleicht überträgt sich so ein bisschen Weisheit auch auf meinen Kopf!", erwiderte ich mit leicht verlegenem Lächeln. Kaum hatte ich einen Hut von ihm aufgesetzt, nahm er ihn mir wieder ab und setzte ihn sich auf:

„So bekomme ich auch etwas von *deiner* Weisheit ab!"

Man profitiert enorm davon, einem Menschen seines Formats noch so einfache Dienste erweisen zu können. Es ist, als nehme er einen auf die Schultern und lasse einen in die Ferne schauen. Und wenn er sich schlafen legt, weiß man, dass er einem am nächsten Morgen wieder neue Horizonte zeigen wird. Selber stellt man das Wenige zur Verfügung, das man hat, bringt sich ein mit dem, wovon man ein bisschen versteht: Hier ist eine wackelnde Steinplatte zu richten, dort ein Fenster zu reparieren, durch das es zieht. Für einen Kranken können auch die besten Zimmer in der Nacht zu einer Falle werden: Im Falle einer fortgeschrittenen Parkinsonerkrankung wird es eine – mit Verlaub – verdammt schwierige Entscheidung, ob man nun aufstehen soll oder nicht. Tragen die Beine? Findet mich jemand, wenn ich stürze?

Im Oktober 2004 lud der zum Erzbischof von Chieti-Vasto ernannte Theologe Bruno Forte den gerade in Rom weilenden Kardinal Martini zu seinem feierlichen Amtsantritt ein. Ich begleite Martini. Mit ihm Auto zu fahren, ist immer wieder ein Erlebnis. Längeres Schweigen, hin und wieder ein Hinweis auf den Weg. Er hat ein geradezu unfehlbares Gedächtnis: „Folge mir, nicht dem Fräulein!", sagt er und meint die

Frauenstimme des Navigationsgeräts. Tatsächlich, er hat sich an eine Abkürzung erinnert ... Mit großer Freude nimmt er an der langen Feier teil. Als wir zum Auto zurückkommen, bietet er mir ungeachtet seiner eigenen Erschöpfung an: „Wenn du müde bist, fahre ich."

Ein paar Jahre später, Ostern 2008, kehre ich nach Jerusalem zurück. Es ist ein großer Einschnitt, zugleich der Beginn von etwas Neuem. Eine Herzschwäche, genauer: eine kardiale Dekompensation lässt den Kirchenfürsten geradezu aufgeblasen erscheinen; die Wasseransammlungen im Körper verlangsamen seine Schritte und machen ihn müde; die Schuhe passen nicht mehr. Er erzählt, dass er sich schon als Kind anstrengende Sportarten versagen musste, weil seine Lungenfunktion eingeschränkt war. Er kennt die entsprechenden medizinischen Fachbegriffe, mit denen die allermeisten ihre Probleme gehabt hätten. Seine Schwierigkeiten liegen und lagen anderswo. Es fiel ihm schwer zu akzeptieren, dass er immer so kurzatmig war, dass ein Wettrennen mit seinen Freunden zwecklos gewesen war: Er wäre sowieso Letzter geworden. Und jetzt, im Alter von 81 Jahren, diese Ödeme in den Beinen, die wegen der Wassereinlagerungen viel zu eng gewordenen Hemden ... – lauter Zeichen, dass es ernst um ihn steht.

Auf mein Drängen hin entschließt er sich, nach Italien zurückzukehren, wo er besser und regelmäßiger behandelt werden könnte. So kommt er wieder nach Mailand, ohne Jerusalem zu verlassen: Diese Stadt nimmt er überallhin mit; sie ist in seinem Herzen. Sie ist da, manchmal wie eine schmerzende Narbe; wenn in den folgenden Jahren auch nur der Name fällt, werden seine Augen feucht. Er liebt Jerusalem.

* * *

Im Park des *Aloisianums* in Gallarate, nordwestlich von Mailand, dem Alterssitz vieler Jesuiten, spenden große Zedern aus dem Libanon Schatten. Die mächtigen Bäume erinnern an alte Überlieferungen vom Zorn Gottes, der ab und zu seinen Groll an diesen grünen Giganten auslässt: „Die Stimme des Herrn zerbricht die Zedern, der Herr zerschmettert die Zedern des Libanon" (Psalm 29,5). Den Menschen geben sie ein Gefühl von Geborgenheit und Schutz, im Sommer vor der sengenden Sonne, im Winter vor Regen und Wind.

In den ersten Monaten in Gallarate gelingt es, die Herzrhythmusstörungen und Atemprobleme besser in den Griff zu bekommen; dann nimmt er wieder seine Arbeit auf. Priester, Ordensfrauen, Bischöfe, Journalisten und viele andere Freunde stehen geradezu Schlange, um ihn zu besuchen, und freuen sich wie die Schwalben über den anbrechenden Frühling. Er hört zu. Nichts entgeht ihm, nicht die kleinste Geste … Aufmerksam registriert er alles, denkt nach, antwortet. Wenige Worte genügen. Was man ihm sagt, kommt an, findet Platz in einem weiten Herzen, und wenn er dann diesen oder jenen Hinweis gibt, spürt man dahinter eine geradezu überirdische Dimension.

Im Mai 2009 schmiedet er Pläne für einen Bergurlaub. Er möchte an möglichst wenig frequentierte Orte; denn er weiß, dass Gott auch auf weniger attraktiven Gipfeln zugegen ist und sein Wort kundtut: Der Zionsberg etwa wäre als solcher kaum eine Touristenattraktion geworden. Das Val Formazza würde für seine Anliegen genügen, dort könnte er ausruhen, beten und auch ein wenig Bilanz ziehen. Doch für einen Kranken kann auch das, was eigentlich der Erholung dienen sollte, eine Anstrengung bedeuten. Er braucht Hilfe und lädt mich ein mitzukommen. So brechen wir auf – mit einem sperrigen „Gepäckstück" besonderer

Art, dessen er sich nie entledigen kann: seiner Erkrankung, die dazu nötigt, jederzeit mit allem zu rechnen, auch damit, dass es die letzte Reise sein könnte ...

Wir verbringen gelöste, heitere Tage mit Spaziergängen, die wie Medizin für die Seele sind. Ungeachtet aller Versuche, sich zu tarnen, indem er sich „normal" kleidet und seine Augen hinter einer Hightech-Sonnenbrille verbirgt, wird er von vielen erkannt: Dieser erinnert sich an eine Sakramentenspendung, jener an eine Jahre zurückliegende Begegnung, an ein gutes, aufmunterndes Wort, an ein Lächeln. Dankbar registriert er die freundlichen Worte, will aber kein Aufheben um seine Person. „Man muss weggehen, um geliebt zu werden", sagt er bescheiden – als wolle er sagen: Die Distanz hilft zu bewahren; die Abwesenheit eines Menschen ist weniger Grund zu Trauer, als dass sie das Schöne dessen, der fehlt, offenbart. Solange ein Mensch da ist, siehst du ihn. Wenn er geht, bleibt die Leuchtspur, die er hinterlassen hat, wie ein in aller Helle mildes Licht, das nicht in den Augen brennt.

Manchmal ist es gut, sich dafür zu entscheiden zu gehen. Kurz bevor er starb und auferstand, hat Jesus gesagt: „Es ist gut für euch, dass ich fortgehe. Denn wenn ich nicht fortgehe, wird der Beistand nicht zu euch kommen; gehe ich aber, so werde ich ihn zu euch senden" (Johannes 16,7).

Eines Abends dann völlig unvermittelt jene schon erwähnte Frage: „Traust du es dir zu, mich bis zum Tod zu begleiten?" Eine verrückte Frage. Wie sollte man darauf eine vernünftige Antwort geben? Wer wäre schon imstande, jemanden bis zum Tod zu begleiten? Mit Ja antworten, das geht nur, wenn man es unterlässt, die Rechnung aufzumachen. Und wenn man Ja gesagt hat, fragt man sich doch mit der Zeit, ob dieses Ja nicht Ausdruck einer naiven Selbstüberschätzung gewesen ist. Es bedarf eines Zeichens, eines Fingerzeigs, um zu ahnen, was wohl Gottes Wille sein könnte. Es bedarf vor allem der Rückmeldung anderer, gewissermaßen ihrer Unterschrift unter die Frage wie unter die Antwort. Denn wer wüsste schon, was der Wille Gottes ist? Wer ein Siegel oder eine Bestätigung haben will, kann bestenfalls das Tintenfass anderen hinhalten, damit sie ihre Unterschrift geben: Wenn viele, die mit Gott in lebendiger Beziehung stehen, denselben Eindruck haben, dann ist das jedenfalls keine schlechte Basis ...

Die Zeichen bleiben nicht aus; vielleicht ist es Gottes Wille.

Am 29. September 2009 beginnt der gemeinsame Weg; ohne Unterbrechungen bin ich an seiner Seite, über den Augenblick seines Todes hinaus. Die Aufgabe besteht schlicht und einfach darin, da zu sein. Und da hat man nie ausgelernt. Es geht darum, mit den durch die Krankheit gesetzten Grenzen zurechtzukommen, Defizite auszugleichen, so wie es möglich ist, und bei all dem selbst möglichst im Hintergrund zu bleiben, ja zu verschwinden, um dem anderen möglichst viel an Freiheit, Selbstbestimmung, Intimität und Gebet zu ermöglichen.

Seine Hoffnung ist ansteckend. An einem Nachmittag trifft er Omar Turati, einen 36-jährigen, an einer amyotrophen Lateralsklerose erkrankten Mann. Die Krankheit zerstört nach und nach die Nervenzellen. Carlo Maria Martini ist erschüttert: „Ihm geht es wirklich schlecht, nicht mir mit meiner Krankheit." Er ist beeindruckt, mit welcher Kraft Omar versucht, ein Wozu in seiner Krankheit zu erkennen: „Den Plan Gottes zu erkennen, das ist es, was mich am Leben hält", sagt er.

Auch beim Abendessen spricht er darüber.

Ein Spaziergang im Park unter den großen Zedern beschließt den Tag.

In den ersten Monaten kommt er noch gut alleine zurecht. Wir sehen uns eher selten, auch wenn wir Tür an Tür wohnen. Mit einem nicht ganz passenden Vergleich gesagt: Es war ein wenig wie bei Eheleuten, die meinten, künftig viel Zeit miteinander zu verbringen – und dann ist jeder von tausend Dingen in Beschlag genommen. Es geht nicht ohne bewusste Entscheidungen: zusammen zu sein, die Zeiten sensibel auszutarieren, zu wissen, wann es genug ist, und sich dann diskret zurückzuziehen; dem anderen möglichst viel Freiheit zu geben, solange es die „Freundin" namens Parkinson erlaubt. Er ist immer dankbar. Und geduldig gegenüber jedem Zuviel und Zuwenig an Aufmerksamkeit und Präsenz.

II

DIE KRANKHEIT,
EINE „SCHWIERIGE FREUNDIN"

Über mich sollen die sich nicht freuen,
die gegen mich prahlen,
wenn meine Füße straucheln.
(Psalm 38,17)

Krankheiten kündigen sich oft ganz behutsam an, mit kaum merklichen Symptomen. Das ist das Wetter, sagt man sich. Ein leichtes Zittern: nichts Schlimmes. Eine gewisse Müdigkeit: ... wohl zu viel gegessen. Ein leichter Schwindel, der Atem etwas kürzer, ein Zwicken hier, ein leichter Schmerz dort: Ach, das geht sicher bald vorbei!

Er erzählt, dass er die ersten Symptome seiner Parkinson-Erkrankung bei einem „obligatorischen" Erinnerungsfoto nach einem Gottesdienst verspürt habe:

Als er sich fürs Foto aufstellte, merkte er, wie die vom vielen Segnen müde rechte Hand statt zu ruhen „schaukelte".

Eine nicht aggressive Form von Parkinson, sagen die Spezialisten. Doch sosehr sie die Formeln für die Diagnose beherrschen mögen: sagen, wie lange jemand mit seiner Krankheit „zusammenleben" muss, das können sie nicht. Sie können dir nicht einmal Auskunft darüber geben, ob es ein eher freundschaftliches Beisammensein sein wird oder ein Kampf. Was man weiß, ist, dass die Krankheit über kurz oder lang gewinnen wird: Der Patient weiß es, die Ärzte auch, doch erst einmal mag sich keiner darüber auslassen. Im Übrigen: Gibt es überhaupt „die" Gesundheit? Schon die Geburt ist etwas Dramatisches: Atmen, Weinen, Trinken ... Das ganze Leben ist ein Versuch, „selber klarzukommen", selbstbestimmt zu agieren – ohne dass es je ganz gelänge. Auch darin liegt etwas Dramatisches. Doch wenn dann kein Zweifel an einer bestimmten Diagnose besteht, dann gewöhnt man sich entweder daran, immer mehr den Rückzug anzutreten, statt Neuland zu erobern, oder man schüttelt und wälzt sich wie eine angefahrene Katze am Straßenrand und wird in seiner Verzweiflung beinahe wahnsinnig.

Carlo Maria Martini ist es gewohnt, anderen den Vortritt zu lassen. Er hat es gelernt, sich bewusst zurückzunehmen, ja er hatte es sich zum Programm gemacht: „Wenn eine Erfahrung geglückt ist", pflegte er zu sagen, „dann muss man sie beenden." Er hat das verschiedentlich praktiziert: bei der „Schule des Wortes" (Bibelauslegungen für ganze Scharen von jungen Leuten), bei der „*Cattedra dei non Credenti*" (dem „Lehrstuhl der Nichtglaubenden", einer Dialoginitiative), bei vielen Initiativen, die Anklang gefunden und gegriffen hatten. Sein Vorgehen verwundert, ja es ist geradezu anstößig in einer Welt, in der der Erfolg zählt und manchmal auch mit unlauteren Mitteln angestrebt wird. Nachdenklich freilich stimmen einen Aussagen des Evangeliums, aus denen eine andere Logik als die der „Welt" spricht:

„In aller Frühe, als es noch dunkel war, stand Jesus auf und ging *an einen einsamen Ort*, um zu beten. Simon und seine Begleiter eilten ihm nach, und als sie ihn fanden, sagten sie zu ihm: Alle suchen dich. Er antwortete: *Lasst uns anderswohin gehen*, in die benachbarten Dörfer, damit ich auch dort predige; denn dazu bin ich gekommen" (Markus 1,35–38).

Sich auf derartige Texte einzulassen, mit ihnen zu ringen, sich dazu zu zwingen, ihnen zu trauen und gegen allen gesunden Menschenverstand und irdisches Kalkül Glauben zu schenken, das verändert auch den Blick auf die Krankheit: Sie erscheint in einem milderen Licht; vielleicht kann man sie „an die Hand nehmen", statt sie zurückzuweisen oder zu leugnen. Mögen andere sich der Illusion der Stärke und Selbstgenügsamkeit hingeben … Ja, man kann stürzen und zu Boden fallen in den Gassen von Jerusalem, man kann irgendwo hängen bleiben und stolpern – und sich beim Aufstehen denken, dass es schön ist, den Asphalt dieser Stadt berührt zu haben …

* * *

Sosehr du dich mit der Krankheit angefreundet haben magst: Sie hört nicht auf, dir übel mitzuspielen. Die Therapie verlangt größte Wachsamkeit. Sie ist immer wieder zu modifizieren, damit deine Beweglichkeit möglichst erhalten bleibt, ohne dass du es übertreibst, was unnötig Kräfte zehren würde. „Alle drei Stunden sind die Medikamente einzunehmen", heißt es. Und doch wird die Krankheit immer raffinierter, packt dich an neuralgischen oder zumindest sehr unangenehmen Punkten … Die Tabletten sind in denselben Zeitabschnitten wie bisher einzunehmen, aber jetzt sind sie plötzlich so groß, dass du sie kaum hinunterbekommst ... Eine Krankheit ist und bleibt eine „schwierige Freundin".

Er lässt den Kopf nicht hängen, findet neue „Strategien". Mozart zum Beispiel ist ein treuer Verbündeter. Er dreht den Lautsprecher auf wie Jugendliche, die in ihrem Zimmer durch eine volle Dröhnung ihre Einsamkeit bekämpfen wollen. Die Lebendigkeit und Heiterkeit der Mozartstücke tut ihm gut, bringt oft unmittelbare Entspannung.

Die Freude über die täglichen „Siege", etwa darüber, die im Terminkalender stehenden Verpflichtungen bewältigt zu haben, lässt ihn ein wenig übermütig werden. Zeitweise bräuchte er mehr als drei Leute, um alles zu stemmen, was er im Sinn hat: Besorg doch bitte mal dieses Buch ... Schalt mal den Computer ein ... Schreibe ... Eine Verabredung. Ein Telefonat. Etwas Warmes zu trinken. Der unausbleibliche Wunsch nach einem Stückchen Schokolade, erst unterdrückt, dann aufgeschoben – und schließlich genießt er sie doch ...

Wer mit der Parkinson-Krankheit vertraut ist, weiß, wie problematisch es für einen Kranken werden kann, durch eine Tür hindurchzugehen. Im Ersten Testament spricht der Herr: „Blinde führe ich auf Wegen, die sie nicht kennen, auf unbekannten Pfaden lasse ich sie wandern. Die Finsternis vor ihren Augen mache ich zu Licht; was krumm ist, mache ich gerade" (Jesaja 42,16). Parkinsonkranke haben, neurologisch bedingt, öfter Probleme mit dem Sehen, mit der Wahrnehmung; für sie ist unter Umständen ein nicht ebener Weg sicherer zu bewältigen als ein gerader. *Adversa diligere* war übrigens Martinis Leitwort als Bischof: das Widrige lieben. Er hat es bis zum Schluss radikal gelebt.

Manche Fachleute sagen, dass das neurologische System von Parkinsonkranken in gewisser Weise parasitär sei: Sie greifen auf die Weisungen ihrer Begleitpersonen zurück und folgen dem, der klare Anordnungen gibt. Carlo Maria Martini aber ist einer, der mehr gibt, als er nimmt. Einer, in dessen Schuld man immer steht. Wenn man ihn an der Hand hält, weiß man nicht, wer eigentlich wen hält. Am Ende des Weges merkt man, dass man selber das Gleichgewicht wiedergefunden hat.

Ein entschlossenes Wort und eine feste Hand genügen, um ihn zum Gehen zu bringen:

„Bei drei geht's los: eins, zwei, drei, los! Ein großer Schritt, Padre, größer! Und hoch die Knie!" Alles Weitere macht er von selbst. Er schwenkt seinen Stock wie Charlie Chaplin, und auf geht's ...

Für einen Menschen, der sich eine eiserne innere Disziplin angeeignet hat und eine edle Zurückhaltung gewohnt ist, kann es ein regelrechtes Drama sein zu merken, wie die Krankheit sich seiner bemächtigt. Nicht, dass er mit der Krankheit schwere Kämpfe ausgefochten oder sich mit Gewalt gegen sie gestemmt hätte; er hat sie höchstens hier und da einmal sanft getadelt. Was ihn demoralisierte, das waren eher Momente, in denen er gleichsam sich selber in die Falle ging. Es stimmte ihn traurig, im Nachhinein zu merken, dass er gewisse düstere Tage nicht der eigentlichen Ursache, sondern sich selber angelastet hatte. – Wenn ein Hirt jahrzehntelang eine große Herde geführt hat und andere mitgetragen hat, meint er am Ende, sich alles aufladen zu müssen – auch die eigene Krankheit.

An Ostern 2010 deutet alles darauf hin, dass der wohl schwierigste Schritt ansteht: das Abschiednehmen von der eigenen Stimme. Dies zu Lebzeiten, zumal als ein „Mann des Wortes", akzeptieren zu müssen, ist heftig: Welchen Sinn soll das haben?, fragt man sich und fragt man Gott. Und die Frage an ihn wird zum Ruf nach ihm. Nach ihm, der uns Menschen durch sein Wort „modelliert", nach ihm, der Menschen sendet, damit sie ihre Ängstlichkeit überwinden und zu der Menge *sprechen* ...

Martini hat Ja gesagt, er hat wie ein folgsames Kind gehorcht. Immer. Dass ausgerechnet ihm die Stimme (zeitweise ganz!) genommen wird, bevor ihm das Laufen, das Schreiben, das Sehen und Hören, das Kauen und Schlucken unmöglich wurde, das wirkt geradezu, als treibe jemand seinen Spott mit ihm. Wie kann das sein?

Er klagt niemand an. Er bittet und fleht, die Stimme wiederzuerlangen, das ja. Doch der Himmel antwortet nicht.

Ein wenig Hoffnung aber bleibt immer. Die Sprachtherapeuten machen ihm Mut. Wolkenverhangene Tage erscheinen strahlend hell, wenn man nur in seinem Apartment seine leise Stimme hört: „Aaaa! Hooo! Ich bin mü-de! Kat-ze. Will-kom-men! Dan-ke! Narr!" Jeder freut sich. Er lächelt. Er weiß, dass es etwas anderes ist, die Sprechübungen gut zu bewältigen, als wieder richtig sprechen zu können. Wenn jemand ihn nach dem logopädischen Unterricht besucht, entschuldigt er sich: „Beim Versuch zu sprechen habe ich die Stimme verloren."

* * *

An der Seite eines Menschen zu sein, der jederzeit stürzen könnte, verlangt einen überaus wachsamen Blick. Man darf sich nie ablenken lassen, ihn nicht aus den Augen verlieren, auch wenn man scheinbar mit anderem beschäftigt ist. Und es gilt, das Gehör zu schärfen. Der Gehörsinn ist feiner als andere Sinne, er ist eng mit dem Herzen verbunden, er ist anspruchsvoller, „hungriger", wenn man so will. Und er ist rebellisch und durchaus eigen. Er mag es für gewöhnlich gar nicht, wenn zu viel auf ihn einstürmt. Es fällt schwer, aus dem allgemeinen Lärm ein Gefahrensignal herauszuhören. Über ein so feines Gehör verfügen die Mütter kleiner Kinder: Selbst im Lärmen eines Platzes, auf dem ein lautes Fest gefeiert wird, hören sie sofort, wenn ihr Kleines schwer atmet und keine Luft bekommt; auch im buntesten Faschingstreiben oder im Trubel eines Erlebnisparks hören sie sofort seinen Hilfeschrei. Mütter haben offenbar von Natur aus ein solches Gehör. Ein Mann nicht. Er muss seine Ohren lange trainieren, sich zwingen besser hinzuhören ...

Carlo Maria Martini klopft mit seinem Silberring auf den Tisch, er schlägt mit dem Stock an die Tür. Einige Monate vor seinem Tod sagt er, es wäre gut, sich über die Zeichen, die er gibt, zu verständigen. „Wenn ich so auf den Tisch schlage, weißt du, dass du kommen musst." „Ja, so machen wir es!" Er weiß nicht, und es ist gut so, dass auch dies nicht mehr lange möglich sein wird ...

Am Osterdienstag kommt es zu einer Verschlechterung der Lungenfunktion. Ein Darmverschluss macht eine Notaufnahme in der Klinik erforderlich. Es gelingt, den Verschluss zu beheben, aber die Stimme bereitet noch größere Probleme. Er versucht sich zu erholen, so gut es geht; doch sein sehnlicher Wunsch, wieder einen „öffentlichen" Sonntagsgottesdienst zu feiern, erfüllt sich nicht. So wird das ihm fortan auferlegte Schweigen zu einem Zeichen, zur stärksten Botschaft: Seine letzte öffentliche Predigt war seine Osteransprache gewesen ...

Die Ambrosianische Liturgie, so hatte er mit einer durch die vielen Gebete der heiligen drei Tage arg beanspruchten Stimme gesagt, ist stark auf die innige Beziehung zwischen Jesus und Maria aus Magdala ausgerichtet: „Ohne diese Vertrautheit fällt die Verkündigung der Auferstehung nicht tief ins Herz; sie bewirkt nicht unsere Hinwendung mit allem, was wir sind und haben, zum Geheimnis des Herrn. Mit dem lebendigen Jesus im Innersten unseres Herzens können wir ... auch die dunkelsten Seiten der Geschichte bejahen, im

Glauben, dass Gott gerade dort am Werk ist, um den Menschen zu seiner ewigen Bestimmung zu führen." Es war wie ein prophetisches Wort über ihn selbst, nicht nur ein prophetischer Blick auf die Geschichte im Allgemeinen.

* * *

Es gibt Phasen in der Geschichte eines kranken Menschen, in denen die Hingabe und Aufmerksamkeit seiner Lieben nicht genügen. Es reicht nicht, ihm mit gutem Willen zur Hand zu gehen und zu improvisieren: Professionelle Hilfe ist unerlässlich!

Eine Krankenschwester kommt; sie ist ein wahrer Engel. Marisa, ihr Name, beschreibt trefflich ihre Aufgabe: Er setzt sich zusammen aus Maria und Luisa. Maria, hebräisch Mirjam, bedeutet „Herrin, Fürstin". Die Verehrung Marias, der Mutter Jesu, hat dem Wort neue Bedeutungen eingebracht, zum Beispiel „die gesammelte, die vielgeliebte Frau". Luisa ist französisch-deutschen Ursprungs und bedeutet „berühmte Kämpferin" oder, nach einer anderen Ableitung, „die Weise". Auf Marisa trifft dies in gewisser Weise alles zu: Auf ihre stille, liebenswürdige Art versteht sie es, den ihr anvertrauten Patienten in ihrem Ringen bis zum letzten Atemzug nahe zu sein.

„Eminenz, wir sollten eine Probezeit vereinbaren, um zu sehen, ob Sie mit mir zurechtkommen", sagt sie.

„Vor allem müsssen wir sehen, ob es Ihnen mit uns gut geht", antwortet er lächelnd.

Die Probezeit erübrigt sich: Auf Anhieb stimmt die Chemie, Marisas Präsenz wirkt sich sogleich positiv aus. Endlich weiß man, was wie zu tun ist. Die Ernährung zum Beispiel wird fortan besser auf die Bedürfnisse eines Parkinsonkranken abgestimmt und berücksichtigt auch die Laborwerte. Die Parkinson-Krankheit trübt mit der Zeit häufig den Geschmackssinn; was einmal ein Genuss war, wird zur Plage: „Es ist, als würde ich Plastik kauen", sagt er öfter mit leiser Stimme, wenn niemand zugegen ist, der sich durch ein solches Wort gekränkt fühlen könnte.

Jeden Donnerstag unternehmen wir einen kleinen Ausflug in die nähere Umgebung, gewissermaßen um den nachlassenden Geschmackssinn durch den Geschmack an der Schönheit der Natur wettzumachen: Die Augen sollen auf ihre Kosten kommen, die Seele sich sättigen in dieser herrlichen Landschaft mit dem See und den Hügeln, die zum Erholen einlädt und Erinnerungen weckt. Wenn ein Freund mit dabei ist: umso besser! Der Austausch, das Gespräch von Herz zu Herz tun gut …

Auf dem Schreibtisch liegt ein pfirsichfarbenes zerknittertes Blatt Papier mit den Adressen und Telefonnummern aller Restaurants im Umkreis von fünf Kilometern. Manchmal lässt Carlo Maria Martini für sich und seine Freunde einen Platz in einem der Restaurants reservieren. Was nicht verwundert, wenn man einmal erlebt hat, wie es ist, in einem langen dunklen Gang eine müde Stimme raunen zu hören: „Wie gern äße ich ein richtig gutes Steak!", ohne dass ihm jemand diesen so unschuldigen Wunsch hätte erfüllen können …

Zwei Logopädie-Sitzungen pro Woche sind das Maximum; mehr geht nicht. Immerhin helfen sie nicht nur die verbliebenen „Töne" zu erhalten, sondern auch den Enthusiasmus eines Mannes, der – wie im Grunde jeder Mensch – von Beziehungen lebt. Bei ihm kommt noch etwas hinzu: der tiefe Wunsch, die Menschen, die zu ihm kommen, zu trösten. Er bringt das zustande mit dem Rest an Sprache, mit den Überbleibseln von Wörtern, die auszusprechen ihm noch möglich ist. Wer ihn besucht, weiß jedes Wort zu schätzen …

Im Frühsommer setzt er sich mit einer Stimmexpertin zusammen. Sie kennt sich mit den Stimmbändern von Opernsängern so aus wie er mit den Papyri des Neuen Testaments. Ihre unerbittliche Feststellung:

„Sie werden nie mehr wie früher sprechen können. Mit viel Übung werden Sie das jetzige Niveau halten können."

Er aber weiß: Für Menschen ist vieles unmöglich; „für Gott aber ist alles möglich" (Matthäus 19,26). Er gibt nicht auf. Er widersteht, tut, was er kann, und lässt sich behandeln.

Von April bis Juli wird er jede Woche ärztlich untersucht; die Therapeuten arbeiten täglich mit ihm. Sie gehen nicht verbissen an die Behandlung heran, üben aber wohl einen sanften Druck auf ihn aus, der ihm gut tut. Die Apotheker von einst hatten kleine Waagen, mit deren Hilfe sie die richtige Dosis exakt austarieren konnten; ähnlich präzise wird jetzt Carlo Maria Martini selbst „bearbeitet", genauer: seine so kostbare Stimme. Auch ein kleines Mikrofon kommt zum Einsatz. Wenn Martini spricht, hat das winzige Gerät eine große Aufgabe: Es verstärkt nicht nur die Schallwellen, sondern vor allem den Trost, den Mut, die Entschiedenheit, zumal in den Zuhörern. So war es zum Beispiel für Angelo, einen 20-Jährigen mit einer seltenen Krankheit, die ihn erwerbsunfähig machte; es stand wirklich schlecht um seine Gesundheit, als er nach Gallarate kam, aber noch schlechter war es um seine Hoffnung bestellt. Carlo Maria Martini gelang es, ihm neuen Mut zu geben: „Ich bin alt und krank, aber ich höre nicht auf, Pläne zu schmieden. Mach es auch so!"

Die meisten Menschen in Italien gönnen sich im August eine Auszeit und fahren in Ferien, Kardinal Martini nicht. Zwei, drei freie Tage sind das Höchste. Er zieht es in der Regel vor, die Zeit am Schreibtisch zu verbringen – als ein Hörender. Er empfängt Gäste, liest, schreibt, doch man spürt, dass er in all dem immer „Einem" lauscht. Er hört ihn in tausend Stimmen.

Mit Gott und den Menschen ist es immer dasselbe. Gott versucht mühsam, unsere Hand zu halten, und wir Menschen versuchen mühsam, sie wegzuziehen. „Lass mich! Lass mich!", sagt das Kind zu seinem Vater und reißt seinen kleinen Arm nach unten, im Glauben, dass die Welt ohne väterlichen Halt mehr zu seiner eigenen Welt wird und ihm gehört. Die Lebensgeschichten der Menschen sind nicht selten ähnlich. Erst wenn man hingefallen ist und sich die Knie aufgeschlagen hat, rennt man heim und sucht Trost. Carlo Maria

Martini war einer, der im Namen Gottes – um im Bild zu bleiben – die „wunden Knie" von vielen versorgt, sich aber nicht genug um sich selbst gekümmert hat.

* * *

Sein Körper baut weiter ab. Die Ärzte fragen sich, wie sie die Beweglichkeit der Beine verbessern können. Das Problem ist nicht so sehr die eine oder andere außergewöhnliche Herausforderung; an den Umgang mit größeren Schwierigkeiten hat er sich schon als junger Jesuit gewöhnt: Bei problematischen Wegstrecken begannen seine Augen zu leuchten. Zu schaffen machen vor allem – im Leben wie in der Krankheit – die alltäglichen geraden, aber engen Wege. Zum Beispiel die vielen kurzen Gänge von hier nach dort in seinem Apartment. Die Schritte sind steif geworden, langsam und mühsam. Es gilt, die Pfade des Zuhörens öfter zu verlassen und sich stattdessen der Physiotherapie mit ihrem technischen Gerät zuzuwenden. Der Blick aus dem Fenster der Klinik hinterlässt trotz der wunderbaren Landschaft, die sich da auftut, ein Gefühl der Beklemmung.

Über Korridore und Aufzüge erreicht er die Gymnastikräume; mit den Beinen muss er Geräte drücken, die seine Kraft messen; „knirschende" Sehnen und Muskeln sind in Bewegung zu bringen ... In den Monaten November und Dezember sieht man ihn volle vier Wochen lang auf dem Weg zu den Therapieräumen; wenn er zurückkommt, erzählt er, welche Übungen er gemacht hat. Draußen schneit es, doch er ist so müde, dass er es kaum beachtet. Er denkt viel in Stille nach. Er würdigt nicht so sehr die Übungen als solche, sondern die Aufmerksamkeit, die man dort dem kranken Körper schenkt. „Hier beginne ich mehr zu verstehen, welchen Wert der Leib hat!"

Nach vier Wochen wird der Therapieerfolg anhand von Tabellen und einem Punktesystem ausgewertet. Man versammelt sich in seinem Zimmer:

„Eminenz, als Sie hierher kamen, standen Sie hier auf der Punktetabelle. Jetzt sind Sie so weit gekommen."

Er hört zu.

„Aus ärztlicher Sicht können wir diese Verbesserung feststellen. Möchten Sie uns sagen, wie Sie selbst sich fühlen?"

Er hebt den rechten Zeigefinger, der in der letzten Zeit noch dünner geworden ist; sein Blick ist gütig und zeugt von Respekt für die von den anderen geleistete Arbeit, aber mit entwaffnender Ehrlichkeit sagt er:

„In Gallarate konnte ich besser laufen!"

Soll man lachen oder weinen bei dieser Bemerkung eines Kranken, der hinter den Bergen der Anstrengung und Therapien dunkle Wolken aufziehen sieht?

Nach einer Zeit, die in physischer Hinsicht wenig gebracht zu haben scheint, trifft Marco, ein Krankenpfleger, ein. Er hat einen starken Charakter und zeichnet sich durch eine große Feinfühligkeit aus. Viele Menschen hat er bis zuletzt gepflegt, der Tod dieser Frauen und Männer ging ihm immer nahe. Mit der gleichen Aufmerksamkeit, mit der ein Schreiner seine Hand über ein geschliffenes Holzstück gleiten lässt, um eine eventuelle Unebenheit zu fühlen, betrachtet er seinen Patienten: Was braucht er? Was sind seine Gewohnheiten? Wie kann man ihm und seinen Bedürfnissen auf bestmögliche Weise Rechnung tragen? Es ist nicht Perfektionismus, sondern schlicht der Wunsch, dem Patienten ein Leben in der größtmöglichen Normalität zu ermöglichen. Seine Wünsche sollen respektiert werden, angefangen bei den scheinbar banalsten: Er möchte ein Eis? Ja, wenn möglich, auch ein Eis! Es wäre nur zu wünschen, dass er wenigstens das essen kann! Als Carlo Maria Martini immer weniger zu sich nimmt, richtet ihm Marco jeden Tag ein ebenso schmackhaftes wie nahrhaftes Eis her, das eine richtige Mahlzeit einigermaßen ersetzt und so gut mundet, dass er nicht den Eindruck hat, etwas entbehren zu müssen.

* * *

Die dunklen Wolken, die er hinter den Bergen erahnt hat, ziehen tatsächlich herüber. Es ist Ende Januar 2011. Für eine gewisse Zeit war sein Zustand stabil, doch jetzt werden seine Schritte unsicherer, er zieht das rechte Bein nach, wie früher die Kinder kleine Wägelchen an einer Schnur hinter sich herzogen. So spielerisch scheint er es fast zu nehmen; die Blicke der Leute, die am Fenster stehen und ihm zusehen, ignoriert er einfach.

Selten gibt es eine Antwort auf die Frage, warum dies oder jenes so gekommen ist. Warum gerade jetzt diese Verschlechterung eingetreten ist, lässt sich nicht mit Bestimmtheit sagen, sosehr man auch nach den Ursachen forschen mag. Klarer als die Ursachen sind die Folgen: Da ist anzusetzen, so gut es geht. Ein Rollstuhl ist sinnvoll; jedenfalls wird er ihn sicherer zu seinem 84. Geburtstag bringen! Dieser Geburtstag ist nicht irgendein Ziel: Im gleichen Alter ist sein Vater gestorben, ihn zu übertreffen, käme ihm fast ungebührlich vor. „Jetzt fehlen nur noch wenige Tage", sagt er öfter.

Vierzehn Tage fehlten noch, und sie gehörten zu den schwierigsten. Es war, als bereite sich sein Organismus auf die Möglichkeit des Todes vor: unwillkürliche starke Bewegungen, Erregtheit, nervöse Zustände, Schweißausbrüche. Sein Getsemani, auf ihn zugeschnitten. Man hat den Eindruck, als würde er tagelang durch die Mangel gedreht. Er verliert die Kontrolle über die Beine und das Becken. Findet man rechtzeitig die passende Dosierung der Medikamente? Wer einem Kranken in einer akuten Krise beizustehen hat, braucht einen kühlen Kopf, muss möglichst nüchtern kalkulieren und agieren. Erst im Nachhinein bemerkt man, wie der flehende Blick des Kranken in denen, die für ihn da sind, Effizienz und Liebe vereint hat.

Der Umstieg von den Füßen in den Rollstuhl ist hart und widerstrebt ihm. Aus der Ferne schaut er das Gefährt wohlwollend an, öfter aber nimmt er „den Kampf auf": in der einen Zimmerecke unbeweglich der Rollstuhl, in der anderen er selbst, stolz auf seinen eigenen Beinen. Aus dem allmählichen Sich-Anfreunden ist bis zum Tod nie die große Liebe geworden ...

Der Frühling bringt die ersten warmen Sonnenstrahlen, die laue Luft lädt ein, Neues ins Auge zu fassen. Auch ein kranker Körper empfindet nach den Wintermonaten die blühenden Mandel-, Pfirsich- und Apfelbäume als eine Wohltat. Die Ärzte tun alles, damit er aus nächster Nähe das Wunder miterleben kann, wie die Sonne die Erde erwachen lässt. Nach einer sorgfältigen Abwägung kommen sie zum Schluss, dass er im Juni noch einmal einen kurzen Sommerurlaub machen könnte.

Die im Winter eingetretenen Verschlechterungen waren, wenn man so sagen kann, einigermaßen verdaut; mit den Hilfsmitteln, die seine Defizite ausgleichen sollten, wurde er vertrauter. Aber kaum war ein neues Gleichgewicht gefunden, gab es auch schon wieder neue Probleme. Diesmal mit den Augen. An der Schönheit der Landschaft kann er sich weiter freuen; da genügt ihm ein schneller Blick, um sie zu erfassen. Schwierigkeiten bereitet ihm ausgerechnet das, woran er sich ein Leben lang erfreut hat: das Lesen. Das stimmt ihn anfangs traurig, aber er lässt sich nicht davon gefangen nehmen. Wie ein Kind, das nicht bei seiner Trauer über ein zerbrochenes Spielzeug stehen bleibt ... Viele Erwachsene verzweifeln, wenn etwas, das ihnen lieb und teuer ist, in die Brüche geht; Kinder spielen alsbald weiter – sie wissen, dass das Spiel nicht an ein Spielzeug gebunden ist; das Spiel besteht im Leben! Er legt zwei Vergrößerungsgläser übereinander, um die kleingedruckten Fußnoten zu entziffern, wechselt die Brille oder setzt zwei Brillen auf. Er will nicht zur Last fallen. Froh und dankbar ist er für einen großen Bildschirm, der die Texte elektronisch vergrößert.

Der Vorschlag, ein kleines elektrisches Gefährt mit drehbarem Sitz anzuschaffen, amüsiert ihn, erwärmen aber kann er sich nicht dafür, solange nur er in diesen Genuss kommt. Er überlegt – und verzichtet auf das Elektromobil: „Sonst hätte *ich* Möglichkeiten, die meine Mitbrüder im Haus nicht haben!"

Der Wechsel von Ruhezeiten und Arbeit ist mit mathematischer Präzision berechnet. Minutiös ist die Arbeit aufgeteilt; zehn Minuten am Tag widmet er sich den E-Mails, eine halbe Stunde der Korrespondenz, dann eine dreieinhalbminütige Ruhepause, anderthalb Minuten für eine Notiz. Er lässt sich freilich nicht aus der Ruhe bringen, wenn er unterbrochen wird, weil das Telefon klingelt, jemand an der Tür läutet oder ein Rückruf auf dem Handy eingeht … Solche Unterbrechungen nimmt er wie einen Auftrag von oben an.

Wer mit ihm zusammen ist und ihm eine zusätzliche Erholung ermöglichen will, erntet dankende Ablehnung. Ob er nicht einen Fernseher möchte? „Nein, wozu? Das wäre reine Zeitverschwendung."

Im Januar 2012 machen Marco, Marisa und ich uns Gedanken über seinen näher rückenden 85. Geburtstag. Aufgrund der Erfahrung des zurückliegenden Jahres kommen wir zum Schluss, dass ein Fernseher ihm doch helfen könnte, nicht so oft an den Tod zu denken. Ein Zeichentrickfilm am Morgen, eine Musiksendung zum Entspannen am Abend. Wir verraten nichts – und das Geschenk gefällt ihm. Er nutzt den Fernseher mit großer Zurückhaltung; sein Umgang mit dem Programm erinnert mich daran, mit welcher Sorgfalt manche Frauen im Frühjahr die Geranien pflegen: Was vertrocknet ist und kein Leben hervorbringt, wird entfernt; nur die schönen Blüten bleiben. In den Zeichentrickfilmen, die er anschaut, „kämpfen nie Gruppen gegeneinander, sondern immer nur Einzelne", fällt ihm auf. Einem, der jahrelang solche Filme angeschaut hat, würde das gar nicht auffallen.

Die ersten Märztage schenken ihm einige kleine Ausflüge nach draußen in den Park. Die Zeit geht dahin, die Krankheit verwehrt ihm größere Unternehmungen. Wer sonst nur noch die eigenen vier Wände sieht, empfindet es als Fest, einmal hinunter in den Garten zu kommen. Pater Johannes, ein deutscher Bibelwissenschaftler und Johannesspezialist, spricht mit ihm – und sie sprechen dieselbe Sprache: die der Heiligen Schrift. Nach einer langen Unterhaltung begeben sie sich nach draußen in den Garten; Marisa begleitet sie.

Manchmal liegt eine Ewigkeit zwischen einer Gefahr, ihrem Bewusstwerden und dem Augenblick, „wo es dann doch passiert". So auch diesmal. Marisa hat noch gerufen, aber es ist zu spät: Pater Johannes und Carlo Maria Martini sind gestürzt. Ersterer schüttelt den Staub ab wie die in einen Mehlhaufen gefallene Hauptfigur in einer Komödie. Und Martini liegt am Boden, ruhig lächelnd, fast vergnügt: „Keine Sorge, Johannes! Wir sind gut gefallen!"

Auf die Frage, was er denke, wenn er merkt, dass er sich nicht mehr halten kann, pflegt er zu antworten: „Ich bin gespannt, wie es diesmal ausgeht!"

Die Besucher werden inzwischen gebeten, es kurz zu machen und ihn nicht zu ermüden. Er spürt, dass die Kräfte nachlassen. Lange Trockenzeiten hinterlassen Spuren, nicht nur in der Natur. Er neigt eher dazu, den

Rückzug anzutreten, als sich aufzubäumen. Jemand meint, er sei nicht mehr weit von einer Depression entfernt. Er weiß, was in solchen Zeiten geredet wird. Unzählige Male hat er depressive Menschen in schwieriger Lage begleitet; ohne Scheu hat er auch bei sich selbst solche Phasen wahrgenommen. Es kam nicht oft vor, dass er in alten geistlichen Aufzeichnungen blätterte, doch einmal hat er beim Schließen eines kleinen vergilbten Heftes ausgerufen: „Da war ich offenkundig depressiv."

Das Thema ist ihm also nicht fremd. Doch jetzt unternimmt er nichts mehr, kämpft er nicht dagegen an. Er ist zu müde: ein buchstäblich gebeugter Mann. Nach unten zu blicken statt nach vorn, das wird zum Problem – nicht nur physisch. Gott allein kann in diese Richtung schauen – und das seit Jahrtausenden –, ohne depressiv zu werden. Der Mensch erträgt den ständigen Blick nach unten nicht: Er muss immer wieder auch nach oben blicken können, und es ist schlimm, wenn ihm dies versagt ist …

Nach einem Besuch bei Carlo Maria Martini versichert ihm Ignazio Marino, ein befreundeter Arzt, mit dem er seit Jahren einen leidenschaftlichen Austausch über das Verhältnis von Naturwissenschaft und Glauben pflegt: „Eminenz, die Befunde sind bestens; ihr

Zustand ist insgesamt zufriedenstellend, es gibt keine Anzeichen eines baldigen Todes ... Schreiben Sie! Schmieden Sie Ihren Kräften entsprechend Pläne! Sie haben noch viel zu geben!"

Einem nochmaligen Aufenthalt in den Bergen kann er unmöglich widerstehen, auch nicht einen Monat vor dem Tod. Also brechen wir auf. Alle kämen gerne mit; viele besuchen ihn. Er widersetzt sich nicht. Er weiß, dass geteilte Freude doppelte Freude ist – auch in den Bergen ...

Bei der Rückkehr nach Gallarate hoffen wir, dass die Hitzewelle vorbei ist und wir den August gut hinter uns bringen; im September wird es wieder kühler werden. Für Ende August ist noch einmal eine Woche in einer Marienwallfahrtsstätte vorgesehen. Alles ist vorbereitet, doch der Kardiologe meint, die rechte Herzkammer sei „überanstrengt". Am letzten Augusttag bricht Carlo Maria Martini dann auf, diesmal allein, wie in seinen jungen Jahren. Und doch ist es ganz anders als damals. „Als du noch jung warst, hast du dich selbst gegürtet und konntest gehen, wohin du wolltest ..." (Johannes 21,18).

III

Lächeln
über die eigenen Schwächen

*Auch beim Lachen
kann ein Herz leiden.
(Sprichwörter 14,13)*

Wenn die Krankheit zum Tod führt, dann, so könnte man sagen, führt das Lächeln zum Leben. Wer lächeln kann, lebt auf. Lächeln ist eine lichtvolle Waffe, die sogar dem Tod Wunden schlägt.

Wenn es etwas gibt, das große Menschen verbindet, so ist es die Selbstironie. Schwer zu sagen, ob diese eine natürliche Neigung oder eine Eroberung ist, ob jemand groß ist, weil er lachen kann, oder ob er lachen kann, weil er groß ist. Fest steht jedenfalls, dass die Ironie geradezu lebensrettend sein kann. In schwierigen Situationen ist es das Klügste, ihre komische Seite zu entdecken, und in allem Bitteren, einen Grund zu lächeln aufzuspüren. Kardinal Martini hat oft gelächelt. Über sich selbst, und mehr noch über das Bild, das sich andere von ihm machen. „Einen Mythos haben sie aus mir gemacht!", pflegte er zu sagen, um Lobeshymnen und Schmeicheleien abzuwehren.

* * *

Um zu kontrollieren, wie es ihm geht, wenn er allein in seinem Zimmer ist, schaffen wir ein Babyfon an: eines jener Geräte mit Mikrofon und kleinem Sender, die man Säuglingen und Kleinkindern in die Wiege legt, vor allem zur Beruhigung der Eltern. Er akzeptiert das Gerät gerne, das allerdings noch lange keine Garantie ist, dass „die da draußen" einen auch hören. Er ruft, klopft auf die Bettkante, doch keiner nimmt Notiz. Also greift er zur spielerischen Variante und fängt an zu singen; wie ein echter Fußballfan wiederholt er immer wieder denselben selbst gedichteten Refrain:

„Don Damiano, Don Damiano, bitte komm, bitte komm! Eile mir zu Hilfe, eile mir zu Hilfe! Don Damiano, Don Damiano ..."

„Da bin ich, Padre! Was ist?"

„Nichts!", antwortet er verschmitzt, „du hast mich nicht gehört, und da habe ich mir ein Lied ausgedacht!"

An wie vielen Krankenbetten steht man im Laufe des Lebens! Wie oft ist man darauf vorbereitet? So gut wie nie. Unmöglich ist es, sich auf den Tod der anderen wirklich vorzubereiten. Man versucht, sich diesen Augenblick vorzustellen, und dann kommt es doch immer ganz anders.

In der Zwischenzeit sind dem Tod erste kleine Raten zu entrichten. Einem, der abgelenkt ist, mögen sie nicht der Rede wert erscheinen, sodass er ihnen keine weitere Beachtung schenkt. Carlo Maria Martini ist nicht abgelenkt. Jede Woche, jeden Monat hat er, um im Bild zu bleiben, der Krankheit einen Scheck über einen kleinen Betrag ausgestellt, ganz bewusst und nie leichten Herzens. Die Krankheit fordert ihren Tribut; offen darüber zu sprechen, könnte für einen besonders sensiblen Kranken eine zusätzliche Last bedeuten. Was bleibt einem anderes, als zu spielen und auf diese Weise die Dramatik zu entschärfen, wenn die Blätter im Scheckheft zur Neige gehen ...

„Kannst du mich bitte halten, wenn ich mich rasiere? Ich fühle mich etwas wacklig auf den Beinen."

Die Armbewegungen sind mühsam und unbeholfen.

„Im Grunde hat es nicht nur negative Seiten, wenn man Parkinson hat, Padre."

„Was wären die positiven?"

„Wenn man das Zittern der Hand nicht unterbindet, wird der Bart vom Elektrorasierer praktisch von selbst abrasiert!"

Überrascht blickt er auf und ... lächelt.

Zum Abend hin ist er immer öfter sehr erschöpft. Ihn einen Moment allein zu lassen, kann fatale Folgen haben; doch es kann nicht immer jemand da sein. An einem Winterabend ist er einmal fünf Minuten allein; er sitzt zu Tisch. Man sagt sich: Es wird schon nichts passieren ... Er liebt es, seine Kräfte mit denen der Krankheit zu messen; jedenfalls probiert er es immer wieder, auch an diesem Abend. Wir sind im Nebenzimmer, als wir ein seltsames Geräusch hören: Da bewegt sich doch ruckartig ein Stuhl. Schnell hineineilen ist zwecklos: Carlo Maria Martini liegt schon auf dem Boden, wie ein Bächlein fließt das Blut auf den Boden, er hat sich den Kopf aufgeschlagen. Die Kopfhaut ist glücklicherweise nur oberflächlich abgeschürft; bliebe abzuklären, ob er sich beim Sturz ernstere Kopfverletzungen zugezogen hat. Doch er will nicht ins Krankenhaus. In der Nacht schläft er etappenweise; er weiß, dass derjenige, der bei ihm wacht, sehen möchte, ob es ihm gut geht. Er hält es wohl für den besten Beweis, ein Gespräch zu beginnen, und erfindet ein nächtliches Spiel. Das Schlimmste ist jedenfalls überstanden ...

Er und Gott kennen sich seit Langem, sie verstehen sich mit einem Blick, ohne große Worte. Sie wissen, dass jetzt jeder „Stellung halten" muss, in der Lage, in der er sich gerade befindet ...

Alt wird man nur, wenn man sich mit seinen eigenen Gewohnheiten abfindet und auch von den anderen erwartet, sie widerstandslos hinzunehmen. Carlo Maria Martini ist sehr jung gestorben: Er war unfähig, irgendwelche Angewohnheiten zu bemerken und dann nicht täglich dagegen anzugehen.

Abends pflegte er den Tag mit einer halben Stunde Arbeit am Schreibtisch zu beschließen. Er hatte zu Abend gegessen; das Kauen und Schlucken fiel ihm immer schwerer. Wir erwarteten das gewohnte Prozedere: dass er sich an den Schreibtisch begebe, doch er bittet darum, sich auf die Couch setzen zu können.

„Wollen Sie in den Sessel, Padre?"
„Nein, auf die Couch!"

Dort nehmen sonst seine Gäste Platz.

„Wenn Sie heute Abend der Gast sind, spiele ich den Kardinal!"

Es amüsiert ihn, wie er imitiert wird, und er spielt sofort mit.

„Woher kommst du?"

„Aus Turin."

„Was hast du im Leben gemacht?"

„Ganz wenig. Bis fünfzig habe ich studiert, dann war ich rund zwanzig Jahre Bischof, und jetzt bin ich im Ruhestand", antwortet er mit ernster Miene dem „Kardinal" auf dem Sessel.

Marisa verfolgt die Szene sichtlich vergnügt.

„Welchen Teil der Bibel lieben Sie besonders, womit fühlen Sie sich am stärksten verbunden?"

„Ich habe mich intensiv mit dem Lukasevangelium und der Apostelgeschichte beschäftigt."

„Und im Alten Testament?"

„Da liebe ich am meisten das Buch Hiob für die persönliche Meditation, und dann die Psalmen."

Trotz der Müdigkeit hat er Freude an dem Spiel.

„Hast du noch einen Wunsch?", frage ich in der Rolle des Kardinals.

„Ja!", antwortet er mit erhobenem Zeigefinger. „Lasst uns zu Bett gehen!"

Spielen, mitspielen, über die eigene Rolle, die eigene Lage lachen, das ist eine regelrechte Katharsis, eine seelische Läuterung, eine Befreiung von inneren Spannungen. Wer zu einem Rollentausch fähig ist, so schwierig es auch sein mag, der hat begriffen, dass die eigene Rolle nicht alles ist, und er wird sich auch „im wirklichen Leben" leichter tun, sich im rechten Augenblick von der darin gespielten Rolle zu verabschieden.

Die Parkinson-Krankheit macht allmählich aus den einfachsten Dingen eine durchaus gefährliche Angelegenheit. Zum Beispiel aus dem Zähneputzen vor dem Zu-Bett-Gehen. Für ihn ist es ein Martyrium.

„Spucken Sie kräftig, immer wenn Sie gespült haben!"

Er gehorcht, wendet aber ein: „Ich verstehe das nicht: Jahrelang habe ich mir anhören müssen, dass es sich nicht gehört zu spucken, und jetzt …!"

„So ist das Leben, Padre! Es gibt eine Zeit, nicht zu spucken, und eine Zeit zum Spucken!"

Bei der gleichen Gelegenheit, diesmal aber ist Eile geboten. Je größer die Müdigkeit, desto weniger funktioniert der Schluckmechanismus. Bei einer kurzen Pause klagt er:

„Gemach, gemach! Früher hast du das mit mehr wissenschaftlicher Ruhe und Präzision gemacht!" Wir lachen.

Seit die Schritte unsicherer und langsamer geworden sind, ist immer neu zu entscheiden, ob er den Rollstuhl nimmt oder nicht. Im Speisesaal im Souterrain wartet das Mittagessen.

„Gehen wir zu Fuß oder nehmen Sie lieber den Rollstuhl, Padre?"

Er verzieht das Gesicht und sagt verschmitzt:

„Setz du dich in den Rollstuhl."

Ich nehme den Ball an, nehme Platz und schwinge den Stock:

„Also los, gehen wir! Schieben Sie mich bitte, es ist Essenszeit!"

Damit hatte er nicht gerechnet. Er zögert. Dann greift er zu und schiebt den Rollstuhl über den ganzen Flur. Jemand schießt schnell ein Foto: Augenblicke wie diese darf man sich nicht entgehen lassen. Viele sitzen schon zu Tisch; der unerwartete Anblick sorgt für allgemeine Heiterkeit. Nur ein weiser Alter bleibt ruhig und erkennt die verborgene Botschaft:

„Dies ist eine Prophetie!"

Ein prophetisches Zeichen oder die abermalige Bewusstmachung einer tiefen Wahrheit? Sind es nicht eigentlich von jeher die erfahrenen Alten, die die Jungen mit ihren Ängsten durchs Leben „schieben" und dafür sorgen, dass sie vorankommen?

Ostern 2012, das letzte seines Lebens. Er ist gelöst, von einer sonderbaren Fröhlichkeit. Man könnte meinen, jemand hätte ihm gesagt: „Auf, nur Mut: Es ist das letzte!"

In der Früh um neun Uhr kann er es kaum erwarten, für die Seinen den Tisch vorzubereiten. Unwillkürlich gehen die Gedanken zu einem anderen Mahl:

„Als die Stunde gekommen war, begab sich Jesus mit den Aposteln zu Tisch. Und er sagte zu ihnen: Ich habe mich sehr danach gesehnt, vor meinem Leiden dieses Paschamahl mit euch zu essen. Denn ich sage euch: Ich werde es nicht mehr essen, bis das Mahl seine Erfüllung findet im Reich Gottes" (Lukas 22,14–16).

Eigentlich ist es noch zu früh, doch er lässt es sich nicht ausreden: „Wir bereiten den Tisch vor!", sagt er und gibt genaue Anweisungen.

Wenn ein Kardinal sich in dieser Rolle versucht, müssen wohl wichtige Gäste kommen: seine Familie. Und es muss einen bedeutenden Anlass geben: Ostern. Und es kann nicht ein gewöhnliches Osterfest sein: Es ist sein letztes.

„Jetzt nimm alle Geschenke, die die Leute in den letzten Wochen gebracht haben, und leg sie auf den Tisch!" Seine Stimme klingt halb ernst, halb vergnügt.

„Alle Geschenke, Padre?!"

„Alle!"

Er schaut sich das Ganze an; ganz zufrieden scheint er nicht: „Bist du sicher, dass es wirklich alle sind?"

„Bis auf eine Kleinigkeit, ja."

„Ich sagte: alle!" Er lächelt.

Auf dem Tisch liegen mehr Geschenke, als es Stühle gibt. Wenn man sich von jemandem verabschiedet, den man gern hat, würde man am liebsten sich selber da lassen. Doch weil Gehen *und* Bleiben nicht möglich ist, hinterlässt man alles, was man hat, um wenigstens ein wenig von dem zu geben, was man *ist* ...

Im April steht eine Begegnung mit einer kleinen Gruppe befreundeter Bischöfe auf dem Programm. Es ist eine recht weite Reise; man trifft sich unweit der schweizerisch-deutschen Grenze. Die Rückfahrt gestaltet sich recht mühsam. Alte Freunde wiederzusehen ist nicht immer erholsam. Bei der letzten Rast vor der italienischen Grenze hat er keine allzu gute Laune; wie ein von seinen Soldaten im Stich gelassener General beklagt er sich bei seinen Begleitern:

„Was ihr da gemacht habt, ist wirklich schlimm! Auch auf dem Hinweg hätten wir drei Pausen einlegen sollen. Und an eine Tasche mit geröstetem Brot, Butter und Marmelade hätte man auch denken können!"

„Heißt das, dass wir morgen alle bestraft werden, Padre?"

„Was denn sonst?!", erwidert er. Über so viel Entschlossenheit, die nie zur Ausführung gelangt ist, müssen wir unwillkürlich herzlich lachen.

Zeit unseres Lebens tragen wir ein einzigartiges Geschenk mit uns: Wir durchleben kaum eine Erfahrung so, als wäre es die letzte. Und das ist ein Geschenk, dessen wir uns gewöhnlich überhaupt nicht bewusst werden. Denn wenn wir im Vorhinein wüssten, dass dieser Kaffee, dieses Mittagessen, dieser Spaziergang die letzten wären, so wäre mit einem Schlag alle Einfachheit und Fröhlichkeit des Alltags dahin ... Ja, es ist gut, nicht zu wissen, was uns morgen erwartet! Jedenfalls unter der Voraussetzung, dass wir das Heute bewusst und mit natürlicher Intensität leben. In diesem Sinne war es etwas Gutes, nicht zu wissen, dass der Sommer 2012 für Carlo Maria Kardinal Martini der letzte sein würde.

Im Juli brechen wir nach Val Formazza auf. Der Kardinal macht gerne Halt an Autobahnraststätten; sie wecken seine Neugierde. Er lässt kaum eine Gelegenheit aus, dort Rast zu machen. Die vordergündige Motivation ist der geliebte Cappuccino mit einer Brioche, doch sein eigentliches Interesse gilt den Menschen etwas abseits der Kaffeebar, den Männern und Frauen, ihrem Verhalten, ihren Gesichtern, dem, was sie einkaufen und konsumieren, und nicht zuletzt den Kindern. Eine Familie hat einen kleinen Tierkäfig dabei, auf den eines der Kinder aufpasst.

„Könntest du mal fragen, ob es mich seine Katze sehen lässt?", bittet er mich, da er fast ohne Stimme ist.

Der Kleine ist glücklich, dem alten Herrn zu zeigen, was in seinem kostbaren Käfig ist.

„Tausend Dank! Du hast eine sehr schöne Katze!"

Als wir in den Bergen ankommen, zeigen sich seine motorischen Defizite auf schlimme Weise. Doch er hat eine bewundernswerte Geduld mit seinem Körper, der ununterbrochen seine Bedürftigkeit meldet und keine Rücksicht nimmt, wenn es peinlich zu werden droht. Etwa bei Tisch. Oder wenn er ins Bad muss: Für den, der gehen kann, sind es nur ein paar Schritte; für jemand, dessen Beine wie ein schäumendes Pferd keinem

Befehl gehorchen, ist es ein weiter Weg. Viele Minuten vergehen, bis er dem Ziel ein paar Meter näher gekommen ist. Es ist anstrengend für ihn und frustrierend. Auf halbem Weg zum Bad ist eine „Rast" geboten:

„Padre, gleich kommt eine Raststätte! Dort gibt es ein Glas frische Orangenlimonade!"

Marisa und Marco begleiten ihn geduldig; die Limonade wartet ein, zwei Meter vor ihm auf ihn. Wie ein Verdurstender einer Oase nähert er sich Zentimeter für Zentimeter und sagt:

„Also gut, dann machen wir Halt an der Raststätte!"

Die gedrückte Stimmung löst sich in Lachen auf.

Bei Tisch ist kein Thema tabu, man kommt auf Dinge zu sprechen, die kein Mensch erwartet hätte. Gleitschirmfliegen zum Beispiel.

Er kennt die Faszination der Höhe. Jemand erinnert ihn an eine Bergbesteigung, an den Nervenkitzel in jenen senkrecht abfallenden Wänden, und meint:

„Ich würde wetten, dass Sie sich trotz der Krankheit nicht sträuben würden, wenn Ihnen jemand einen Gleitschirmflug vorschlüge!"

Ohne eine Miene zu verziehen, erwidert er vergnügt:

„Ich wüsste nicht, was dagegen sprechen sollte!"

Eine Fliege, die sich nicht darum schert, wie berühmt und wie krank die zu Tisch sitzende Persönlichkeit ist, setzt sich mal auf seine Nase, mal auf seine Stirn. Sie lässt sich nicht vertreiben. Wenn man krank ist, versteht man auch manche Redewendungen besser: *Lästig wie eine Fliege* ... Man muss es selbst erfahren oder zumindest beobachtet haben, was es heißt, eine Fliege auf der Nase zu haben und keine Hände, die imstande wären, sie zu verjagen ...

„Ich mache das schon!", sage ich und hole aus. Ich habe den Satz noch nicht beendet, da ist die Fliege auch schon wieder weg. Leider ist meine längst überflüssige Handbewegung ebenso unpräzise wie desaströs: Ein voller Wasserkrug, den ich ungeschickterweise mit dem Ellbogen umstoße, ergießt sich über eine wehrlose Schwester. Er fängt an zu lachen wie ein Kind, das sich „nicht mehr einkriegt", wie man so sagt. Dass er für mehrere Minuten das Unglück anderer Menschen oder sein eigenes komplett zu vergessen scheint und einfach lacht, das hatte es so gut wie nie gegeben. Nun gut, jeder Hof, der etwas auf sich gibt, hat seinen Narren; auch in einem Kirchenfürst steckt einer ...

Spätabends schleiche ich um sein Bett, vorsichtig wie ein Fisch um den Köder; beim Versuch, über das Kabel des Klingelknopfs zu steigen, stoße ich mit der Ferse an die Bettkante.

„Aua! Padre, Ihr Bett tut richtig weh!"

Seine Augen sind geschlossen, doch er schläft nicht. Er dreht die Handflächen nach oben und sagt mit seligem Lächeln:

„Kommt drauf an, wie man damit umgeht!"

Ja, darauf kommt es wohl an, auch im Leben, auch in der Krankheit ...

IV

Wie Abraham
bei den Eichen von Mamre

*Mein Herr ..., geh doch
an deinem Knecht nicht vorbei!*
(Genesis 18,3)

Das Erste Testament erzählt vielerlei Geschichten. Auch die Maler wählen immer neue Motive. Was gleich bleibt, das ist der Stil. Gott begegnet vielen Menschen, doch seine Art und Weise, sich zu zeigen, ist unverkennbar. Mit Vorliebe bedient er sich der Gestalt eines Engels. Würde er sich zeigen, wie er ist, könnte er sein Gegenüber erschrecken, und das will er nicht: Er möchte einladen, anziehen, „verführen". Also schickt er Engel ... Im ersten Buch der Bibel, dem Buch Genesis, wird erzählt, wie Abraham drei Unbekannte empfängt. Es ist zur heißesten Stunde des Tages, doch seltsamerweise ruht dieser Alte nicht. Vielleicht sind es die Eichen, die ihn mit dem Rauschen ihrer Kronen wachhalten: die Eichen von Mamre. Nach ihnen ist der Ort des Geschehens benannt.

Aus der Erzählung lässt sich erahnen, dass Abraham einen Schmerz vieler Frauen und Männer teilt: Er ist kinderlos. Gott hat für diese Art von Schmerz wohl nur bedingt Verständnis; er ignoriert ihn aber auch nicht – wie eine Mutter, die schließlich doch weich wird, wenn ihr Kind schmollt. Dennoch wird er sich fragen, warum die Menschen so auf der Überzeugung beharren, dass die Zukunft sich im Antlitz eines Kindes verberge. Liegt die Zukunft nicht primär in der Liebe selbst, die unser Tun bis in die unscheinbarsten Handlungen hinein begleitet?

Abraham, der kinderlose alte Mann mit seinen Schattenseiten, sitzt in der Mittagshitze am Zelteingang ...

Carlo Maria Martini ist kinderlos, wie Abraham. Und er ist zu bescheiden, um zu denken, zumindest in einem geistlichen Sinne Kinder zu haben, Vater zu sein. „Ich verspüre keinerlei unmittelbare geistliche Vaterschaft; ich habe den Eindruck, im Leben nichts zustande gebracht zu haben", sagt er.

Wie Abraham ist auch Carlo Maria Martini offen für Gäste, für jeden, der bei ihm anklopft, und solange die Krankheit es noch erlaubt, empfängt er vier Personen am Tag. Dann drei, dann zwei. Zwei sind das Minimum, weniger hieße einzugestehen, dass man sich dem Leben verschlossen hat. Er gibt jedem, der ihn bittet, einen Termin. Vorrangig denen, die leiden, wie immer sie auch gekleidet sind. Vielerlei Leiden kommen. Personifizierte Leiden. Manche sind in Rot [das der Kardinäle] oder Violett [das der Bischöfe] gekleidet. Andere tragen Mokassins, Sportschuhe, Sandalen, manchmal irgendwelche Latschen. Die Haare der Leiden sind weiß, schwarz, gefärbt, oft wirr und durcheinander – gewollt oder aufgrund mangelnder Pflege. Die Leiden sind Unbekannte oder Freunde, und wenn sie zur Tür hereintreten, grüßen sie auf unterschiedlichste Weise: „Hallo Carlo!", „Ehrwürdigste Eminenz!", „Lieber Pater!"

Er bereitet sich auf jede Begegnung vor, kleine Rituale gehen der Ankunft eines jeden voraus: das Zimmer in Ordnung bringen, sich selbst in Ordnung bringen. Manche Menschen tun das aus Eitelkeit, um „keine schlechte Figur zu machen". Er möchte sich ordentlich präsentieren, gekämmt, sauber und anständig gekleidet, weil er seinen Gästen mit der gebotenen Würde gegenübertreten möchte. Da seine Stimme seine Freude nicht auszudrücken vermag, teilt er sie mit seinen Augen mit. Das ist keine Verlegenheitslösung: Er weiß, dass der Blick der erste, fundamentale Moment einer Begegnung ist. Ihm hat Gott das Geschenk eines meeresfarbenen Blickes gemacht, und er nutzt es gern, um die anfängliche Förmlichkeit aufzubrechen und zum Herzen zu gelangen. Solange es die Kräfte zulassen, empfängt er alle an der Tür und begleitet sie, wenn sie wieder gehen. Später bittet er zumindest, ihm zu helfen, damit er sich stehend von den Gästen verabschieden kann.

Er informiert seine Gäste über seinen Zustand, entschuldigt sich, dass er nicht flüssiger sprechen kann oder das Gespräch unterbrechen muss, um seine Medikamente einzunehmen. Gästen gegenüber gibt es zwei gegensätzliche Verhaltensmuster: entweder man empfängt sie mit dem Besten, was man hat, um zu verbergen, was man nicht ist; oder man lässt sie an dem Schlimmsten, was man hat, teilhaben, um ihnen das Beste von dem zu schenken, was man ist. Er verbirgt nicht die Spuren seiner Krankheit, aber er zeigt sie mit behutsamer Zurückhaltung, damit sein Gegenüber durch seine Hinfälligkeit nicht unangenehm berührt wird. Die Bedürftigkeit des Kranken trifft sich mit den Bedürfnissen derer, die ihn aufsuchen.

Seine Art, andere zu empfangen, lässt niemals auch nur einen Hauch von Überlegenheitsgefühl erkennen. Wer ihn trifft, würde nicht denken, dass der Mann vor ihm zwölf Sprachen kennt und mehr Ehrendoktorwürden abgelehnt als angenommen hat. Dass in seiner Statur, in seinen Augen, seinen schmalen Fingern und in der Eleganz seiner Bewegungen etwas Edles liegt, eine Art Noblesse, ist nicht zu verkennen, doch es wirkt nie zur Schau gestellt. Man begegnet einer angenehmen, offenherzigen Einfachheit und Demut.

Er nimmt die mitgebrachten Gaben an und schenkt seinerseits, was er hat: ein Wort, ein kühles Getränk oder ein aufbauendes Buch. Dass er sich immer gleich erinnert, wer ihm diese Pralinen, jenen Füller oder diese Kekse mitgebracht hat, zeugt von einer außerordentlichen Fähigkeit, mit großer Aufmerksamkeit für den anderen da zu sein.

Die Tatsache, dass die Besuche mancher Männer und Frauen ihm Tränen in die Augen steigen lassen, hängt mit ihren Lebensgeschichten und dem, wofür sie stehen, zusammen. Eine Fahne ist ein Stück bunten Stoffs: an sich ohne besonderen Wert, verkörpert sie etwas ganz Bestimmtes; in gewissen Augenblicken kann sie allerlei Emotionen auslösen. Ähnlich verhält es sich mit den Menschen. Wenn jemand sein Zimmer betritt, der ein Volk repräsentiert oder aufgrund seiner Aufgabe eine besondere Beziehung zu Gott verkörpert, wird er stummer als sonst. Vor dem Rabbiner Laras oder vor Papst Benedikt XVI. zum Beispiel hätte er so vieles zu sagen und einen solchen Wunsch, ihnen zuzuhören, dass er schließlich nur dasitzt und einfach weint.

Für die Kranken empfindet er Bewunderung, er fragt sich, wie sie es wohl schaffen, ihr schweres Los zu tragen. Er fragt nach, möchte verstehen, welche Pfade zu beschreiten sind, damit man eine Krankheit annehmen kann. Für ihn ist jede Person, die die Schwelle seines Hauses überschreitet, ein Mensch, von dem man etwas lernen kann, ein „Überträger eines Überschusses": Hinter einer Geschichte verbirgt sich eine andere, ein Schmerz kann einem etwas sagen ... Er wird nie müde, das „Mehr" zu entdecken.

Carlo Maria Martini ist ein von Natur aus stiller Mensch. Zuzuhören verlangt ihm keine besondere Anstrengung ab; es ist für ihn etwas ganz Natürliches, eine Selbstverständlichkeit. In den Gesprächen will er nicht das Heft in der Hand haben, sondern überlässt es von vornherein seinem Gesprächspartner. Wenn er sich zu Wort meldet, dann meist, um das Gehörte zusammenzufassen. Und dabei führt er den anderen wie von selbst auf eine andere Ebene. Wenn er jemanden zum ersten Mal trifft, stellt er ganz einfache, beinahe banale Fragen: „Wer bist du?", „Woher kommst du?", „Was studierst du?" oder „Was hast du gelernt?", „Wie geht's dir in deinem Leben?", „Was kann ich für dich tun?", „Was möchtest du mich fragen?" Diejenigen, die er schon länger kennt, fragt er, was es Neues gebe, um sogleich wieder zum Hörenden zu werden. Er versteht es zuzuhören, ohne den anderen zu unterbrechen, und wenn er selbst unterbrochen wird, nimmt er sich schweigend zurück.

Der andere spricht, erzählt. Wer über sich selbst spricht, liest seine eigene Geschichte in der Regel mehr aus der engen Warte seiner Verletzungen als im weiten Horizont möglicher Hoffnungen.

Martini spiegelt das Gehörte – verdichtet, erhellt, verwandelt. Er siebt es gewissermaßen, und sein Sieb ist das Evangelium. Was er dann zurückgibt, ist bestens geeignet, um einen neuen Teig daraus zu machen. Er ist ein konkreter Mensch, weiß, dass einem Gedanken ein Tun zu folgen hat, dass ein Gedanke ohne darauffolgende Tat wie ein Feigenbaum ist, der keine Frucht bringt. Er bietet eine Reihe von Stichpunkten an, ein einfaches Programm, das hilft, das Haus des eigenen Lebens neu zu ordnen. Dazu sind die Väter da: den Kindern beizubringen, wie man ein Werkzeug gebraucht, wie man etwas bewahrt und gegebenenfalls wieder neu zusammensetzt.

Er selbst hat mehr als einen Vater und weiß, dass er sich in dieser Hinsicht besonders glücklich schätzen darf. Einer seiner Väter heißt Ignatius (in diesem Namen steckt Feuer: *ignis*), ein Mann, der sein Leben damit zugebracht hat, eine Ordnungsmethode zu ersinnen, die für jeden gilt; zu verbrennen, was verbrannt gehört, und was im Leben der Menschen von Ungeziefer befallen ist, zu reinigen. Weil er nur zu gut weiß, dass die spontane Reaktion auf jedwede Anordnung ein „Nein!" ist, zieht er es vor, Orientierungshilfen, Fingerzeige zu geben, und wer ihm gegenübersteht, spürt, dass er alle Freiheit hat, was Zeiten, Perspektiven und Lösungen angeht.

Nicht immer ist der Boden, auf dem eine Begegnung steht, Grund zur Freude. Es kommt vor, dass sich jemand vordrängt, der nicht nur Gutes im Schilde führt. Im Juni 2011 bittet ein Unbekannter um eine Begegnung, sein Anliegen ist vage und nicht recht überzeugend: „Wenn einer ein Problem mit einem Pfarrer hat, mit wem muss er dann reden, wer ist der richtige Ansprechpartner? Man wird von einer Instanz zur nächsten geschickt; doch wer ist eigentlich kompetent?", fragt er.

In Sachen Pfarrer gibt es wohl keinen Kompetenteren als einen emeritierten Bischof. Der Kardinal ist einverstanden, den Betreffenden zu empfangen. Es ist ein junger Kerl mit einem etwas ungepflegten Bart. Sie reden zehn Minuten, dann versucht der Kardinal vergeblich, eine Schreibtischschublade zu öffnen, und bittet mich:

„Gib mir doch den Schlüssel für die Schublade."
„Wozu, Padre?!"
„Ich muss ihm Geld geben."

Der junge Mann senkt den Blick; offenbar schämt er sich, bei einem so kranken Mann sein Ziel erreicht zu haben. Er entschuldigt sich.

April 2011. Die Tage vergehen im immer gleichen Rhythmus. Was sich ändert, sind die Inhalte. Aus allen vier Himmelsrichtungen dringt derselbe Missklang an sein Ohr: der Klagegesang, das Weinen einer Frau. Es ist die Kirche, die leidet. Sie liegt ihm am Herzen, er sorgt sich um sie, solange er denken kann, er liebt sie, auch wenn seine Liebe nicht allzu oft erwidert worden ist.

„Was soll ich tun mit dir, Efraim?
Was soll ich tun mit dir, Juda?
Eure Liebe ist wie eine Wolke am Morgen
und wie der Tau, der bald vergeht" (Hosea 6,4).

Gott kennt den Preis der ungeschuldeten, bedingungslosen Liebe; er weiß, wie brüchig die Versprechen der Menschen sind. Carlo Maria Martini hat in der Vergangenheit darunter gelitten, jetzt weiß er, dass der Preis der Gratisgabe zwar hoch ist, aber entrichtet werden muss. Die Klage nimmt kein Ende; man kann nicht tatenlos und ohnmächtig dabeistehen.

Er schreibt an den Papst. Der Anlass ist dessen Namenstag, Martinis Intention ist, Sorgen und Anliegen mit ihm zu teilen. In seinem Herzen ist er überzeugt, keine Antwort zu bekommen. Doch der Papst antwortet mit einer Einladung: „Ich erwarte Sie am 9. April um 11 Uhr im Vatikan."

Es bleibt wenig Zeit, die Reise zu organisieren. Wie soll er von Mailand nach Rom kommen, ohne unterwegs alle Kräfte aufzubrauchen? Er hält sich nicht lange mit solchen Fragen auf:

„Wir fliegen; das geht am schnellsten."

An den Tagen vor dem 9. April bereitet er eine Art Promemoria vor, einen Merkzettel, um die Aufregung einzudämmen. Dass er die Achtzig überschritten hat, bewahrt ihn nicht vor einem zitternden Herzen, im Gegenteil: Es verstärkt die Aufregung. Er sagt, aus einer Begegnung mit dem Stellvertreter Christi gehe man nie „unversehrt" heraus.

In der Nacht vom 8. auf den 9. April schläft er kaum. Was ihn am Schlafen hindert, ist schwer zu sagen: Ist es Gott, der ihn vorbereitet? Ist es der weiß gekleidete Mann, der – inzwischen sehr erschöpft – ihn am nächsten Tag erwartet? Ist es der Inhalt des Merkzettels?

Am Morgen bekundet er dennoch, er sei ausgeruht. Frühstück, Gebet, Überlegungen, welche therapeutischen Übungen sinnvoll sind, um möglichst viel Kraft und Stimme für das geplante viertelstündige Gespräch zu haben, das schließlich eine volle Stunde dauern sollte. Die Minuten des Wartens in den Sälen im Vatikan, wo man sich unwillkürlich ganz klein vorkommt, wo jeder Winkel seine Schönheit besingt, verbringt er mit Sprechübungen. Die Tür zur Bibliothek öffnet sich, langsam, mit unsicherem Gang und einem Lächeln, das von Herzen kommt, geht er dem Papst entgegen, der ihn mit offenen Armen empfängt. Sie umarmen sich, der Papst lädt ihn ein, sich zu setzen. Martini bringt stotternd ein paar Worte der Höflichkeit heraus, dann versagt die hauchdünne Stimme fast ganz ... Ihm bleibt nichts anderes übrig, als dem Papst seinen Notizzettel hinzuhalten. Während der Kardinal sich müht vorzulesen, helfe ich dem Papst recht unbeholfen, ihm zu folgen.

Heiliger Vater,

ich habe wenige Zeilen geschrieben in der Furcht, nicht sprechen zu können, außer mit flüsternder Stimme – so ergeht es mir seit etwa einem Jahr.

Erstens: Ich möchte mich von Herzen bedanken für diese mir gewährte Gelegenheit, Eure Heiligkeit zu treffen. Ich danke der göttlichen Vorsehung, dass sie Ihnen die Möglichkeit gibt, sich zu bewegen und zu reisen, die mir, der ich im selben Alter bin, nicht mehr gegeben ist.

Zweitens: Im meinem Brief zum Josefstag hatte ich Ihnen über viele Missstimmungen in der Kirche und unter ihren Dienern geschrieben. Oft ist es eine Folge der raren Berufungen zum geweihten Dienstamt. Doch ich glaube, dass auch ein Zeichen von oben die Hoffnung in der Kirche stärken und ihr mehr Unbefangenheit und Mut geben könnte [...].

Drittens: In meinem Brief zum Josefstag hatte ich Ihnen auch von schwerwiegenden und geheimen Dingen berichtet. Sie betreffen auch den einen oder anderen Ihrer engsten Mitarbeiter. Sie überschreiten beträchtlich ihre Kompetenzen und kümmern sich um Dinge, für die sie nicht zuständig sind [...].

Viertens: Es kommen beunruhigende Dinge hinsichtlich des Wirkens einiger Kurienmitglieder heraus [...]

Fünftens: Einige Bischofsernennungen machen einen betroffen und ratlos.

„Er liest gerade hier! Er ist jetzt da!", sage ich.

Der Papst nickt zustimmend, stellt die eine oder andere Frage, erhält kurze und präzise Antworten.

Als wir gehen, ist der Kardinal erleichtert, die Stimme zurückgekehrt. Es ist, als wäre eine allzu schwere Last von ihm abgefallen. Gütig schaut er mich an, dankbar, dass ich ihn bei dem mühseligen Unterfangen unterstützen konnte. Mit der Stimme kehrt die Ironie zurück:

„Es gibt nicht viele Menschen auf der Welt, die dem Papst die richtige Stelle zeigen!", sagt er schmunzelnd.

„Verzeihung, Padre, ich hatte den Eindruck, dass der Papst nicht verstünde." Alle lächeln.

Im Dezember desselben Jahres ruft ein alter Herr aus Rom an: Er müsse dringend mit dem Kardinal sprechen. Alte Menschen tun sich oft schwer, einander zu besuchen; sich auf den Weg zu machen, ist mühsam und manchmal auch ein wenig riskant: Es muss schon ein triftiger Grund vorliegen ...

Ein Blatt Papier ist im Durchschnitt 0,9 Millimeter dick, so gut wie nichts, doch was darauf geschrieben ist, kann tonnenschwer wiegen und eine enorme Wirkung haben. Im Lauf der Geschichte haben kleine Blätter Menschenleben gerettet und gekostet.

Der alte Herr sitzt vor dem Kardinal und zieht ein zerknittertes Blatt aus der großen Tasche der dunklen Jacke:

„Das ist von Ihnen, nicht wahr? In Rom sind Kopien davon in Umlauf."

Martinis Augen werden groß vor Fassungslosigkeit; dann wird er ernst, der Blick verfinstert sich: Es ist dasselbe Blatt, das er dem Papst vorgelesen und übergeben hat.

* * *

Im Juni 2012 ist Mailand, dieses pulsierende Geschäfts- und Wirtschaftszentrum, diese geschichtlich bedeutende Stadt voller Ideen, in der viele Linien zusammenlaufen, noch belebter als sonst. Der Besuch des durch die Last der Arbeit und mehr noch durch mancherlei Leiden müde gewordenen Papstes steht bevor. Lächelnde Gesichter und ausgestreckte Hände begrüßen ihn; ihm bleibt nur eine Hand zum Grüßen, die andere umgreift einen Stock. Gebeugt ist er und schwer ist ihm ums Herz, nicht wegen seines eigenen Herzleidens, sondern wegen anderer, die kein gutes Herz haben …

Es ist ein ziemlich warmer Nachmittag, an dem sich Benedikt XVI. und Carlo Maria Martini wieder begegnen, zwei durch Lasten, die niemand kennt, gebeugte Menschen … Das Gespräch dauert zehn Minuten. Sie trösten einander in ihrem Schmerz. Sie sind in Erwartung, wie Maria und Elisabeth: Der eine ist dabei, seinen Rücktritt zu „gebären", der andere seinen Tod. Was gar nicht so verschieden ist: Abdanken ist ein wenig so wie Sterben, und das Sterben ist auch ein Abdanken.

Am 27. Juni bittet der Dompfarrer von Mailand um einen Besuchstermin, in einem Vorabtelefonat benennt er schon einmal seine Anliegen. Der Kardinal ist auf alle Fragen vorbereitet; sie zu beantworten würde ihm keine Probleme bereiten.

„Haben Sie irgendwelche Präferenzen für den Ort Ihres Grabes, Eminenz? Würden Sie lieber unter der Muttergottes oder unter dem Kreuz des hl. Karl bestattet werden?"

Er hebt die Arme, die Handflächen zum Gesprächspartner hin öffnend:

„Diese Dinge interessieren mich nicht; ich habe keine Präferenzen; entscheide du."

Am 24. August trifft der Kardinal noch einmal zwei Presseleute, die letzte Episode in einem langjährigen guten Verhältnis mit den Medien. Zwei Journalisten des *Corriere della Sera*, Armando Torno und Paolo Baldini, kommen aus seinem Apartment. Es war ein kurzes Gespräch mit einem Gedankenaustausch über einige wenige Themen. Er ist abwesender als gewöhnlich, der eher positive äußere Eindruck, der auf die Cortisonbehandlung zurückzuführen ist, täuscht.

„Danke, bis bald! Wir haben den Kardinal recht gut vorgefunden", sagen sie beim Weggehen.

In Wahrheit geht es ihm nicht gut. Niemand vermag zu sagen, wie es in einigen Tagen aussehen wird.

* * *

Abraham ist noch immer am Zelteingang; die drei Fremden sind eingetroffen.

„Als er sie sah, lief er ihnen vom Zelteingang aus entgegen, warf sich zur Erde nieder und sagte: Mein Herr, wenn ich dein Wohlwollen gefunden habe, geh doch an deinem Knecht nicht vorbei! Man wird etwas Wasser holen; dann könnt ihr euch die Füße waschen und euch unter dem Baum ausruhen. Ich will einen Bissen Brot holen, und ihr könnt dann nach einer kleinen Stärkung weitergehen; denn deshalb seid ihr doch bei eurem Knecht vorbeigekommen. Sie erwiderten: Tu, wie du gesagt hast" (Genesis 18,2b–5).

Am 31. August 2012 nahm Carlo Maria Martini mit offenen Armen den Bruder Tod auf, und mit diesem auch jenen Unbekannten, den er immer gesucht hatte.

V

Von oben betrachtet

*Wie willkommen sind auf den Bergen
die Schritte des Freudenboten ...*
(Jesaja 52,7)

Die meisten Menschen nutzen die Freizeit, um etwas anderes zu tun als sonst. Carlo Maria Martini hat in der Freizeit Steine gesammelt.

„David nahm seinen Stock in die Hand, suchte sich fünf glatte Steine aus dem Bach und legte sie in die Hirtentasche, die er bei sich hatte und die ihm als Schleudersteintasche diente" (1 Samuel 17,40).

Wie ein Kind am Strand Muscheln sammelt, um dann im Winter dem Meeresrauschen zu lauschen, so sammelt der Kardinal Kieselsteine, um sie in einen stillen Teich zu werfen und zu beobachten, wie sich das Wasser bewegt.

Oktober 2009. Seit kaum einem Monat wohnen wir Tür an Tür. Wir beschließen aufzubrechen, bevor die Stimme wegbleibt und die Beine versagen. „Wir sollten für ein paar Tage in die Berge ziehen; such doch ein Quartier!", bittet er.

Das Aostatal ist nicht fern, da gibt es reichlich Flüsse und Bäche, Kieselsteine werden bestimmt zu finden sein. In Saint-Pierre, wo sich eine kleine Kirche an einen darüber emporragenden Felsen klammert, wird eine alte Erinnerung wach. Als Kind hat er Teile des Sommers mit seinen Eltern im Aostatal, in Courmayeur, verbracht.

„Als Kind dachte ich bei mir, dass es sehr schön sein müsste, in dieser Kirche zu beten; ich stellte mir vor, wie ich eintrete und lange schweigend da bleibe", erzählt er.

„Genau da gehen wir hin, Padre!", sage ich.

„Vielen Dank! Nach siebzig Jahren geht heute ein Traum in Erfüllung", erwidert er gerührt.

So mancher Kindertraum realisiert sich, wenn man nicht mehr daran denkt, wenn es zu spät scheint, wenn keine Zeit mehr zum Träumen ist.

V – Von oben betrachtet

Die Unterkunft ist neben der kleinen Kirche gelegen. „Ein Adlernest", sagte der alte Pfarrer bei jeder Predigt. Er selbst ist inzwischen auch „weggeflogen". Tagelang sind Carlo Maria Martinis Blick und Herz der kleinen Kirche, dem angrenzenden Friedhof und den Pfaden zugewandt. Erinnerungen fügen sich zusammen. Er spricht wenig, aber es ist, als strahle ein inneres Licht von ihm aus. Außen Schweigen, innen alles in Wallung …

Die Berge sind bekanntlich seine Leidenschaft, und dem Vorschlag, einen Ausflug in 2000 m Höhe und mehr zu machen, kann er einfach nicht widerstehen: Dieser „Falle" entgeht er nie.

Wir steigen gemächlich, denn sein Herz ist nicht mehr so kräftig wie zehn Jahre zuvor; weiter ist es geworden und verletzlicher. Die Sonne geht bald unter. Von dort oben sieht alles anders aus, die Stadt wirkt wie ein Ameisenhaufen. Es weht ein leichtes Lüftchen, das Wasser im Bach ist immer in Bewegung. Wer die Lebendigkeit eines Bergbachs kennt, möchte den stehenden Gewässern zurufen, nicht gar so ruhig zu sein …

Der Weg hinab dauert lange. Nicht nur aus Rücksicht auf die körperliche Verfassung.

„Warum überholst du mich nicht?", fragt er.

„Da ist eine *mandria*", sage ich [was auf Deutsch „Herde" bedeutet].

„*Mandria, mandria* ... – was heißt eigentlich ‚*mandria*'?"

Das vermeintlich Selbstverständliche zu hinterfragen und zu untersuchen ist sein liebster Sport.

„Schau auf Google nach!"

Nach der Rückkehr im Hotel ist das Ergebnis meiner etymologischen Erkundungen schnell präsentiert.

„Die Wurzel von *mandria* geht zurück auf einen Wortstamm *man-/mand-* mit der Bedeutung verweilen, bleiben, sich aufhalten. Eigentlich heißt es also: Gehege, Stall; es ist ein Ort, wo das Vieh eingeschlossen wird. Mit der Zeit wurde nicht mehr dieser umschließende Ort, sondern das Umschlossene selbst, also die Herde, als *mandria* bezeichnet."

„Sehr überzeugt bin ich davon nicht!", sagt er lächelnd.

Jeder Gang hinaus wird regelrecht genossen, förmlich aufgesogen. Wer weiß, wie oft es noch möglich sein wird! „Hör mal! Fühl mal! Wie schön ist es zu leben, zu atmen! Spür mal diese wunderbare frische Luft!"

Die Bergpfade sind dürftig ausgeschildert – dürftig, nicht weil es Schilder aus alten Holzresten wären, sondern weil die Farbe durch Wind und Wetter verblasst ist. Und doch sollte man dem, was zu erkennen ist, folgen und darauf vertrauen, dass sie zu schönen Orten führen. Nur denen, die glauben, gewährt Gott bestimmte Aussichten. „*Belvedere* – Schöne Aussicht" steht auf einem Schild. Er vertraut der Tafel und folgt dem Weg bis zum Ende. Plötzlich bleibt ihm förmlich die Luft weg; sein Blick wandert in die Weite zwischen Täler, Wälder und Flüsse. Als Kind ist er über Jahre auf dem Asphaltweg dort unten entlanggefahren, in der Hoffnung, irgendwann einmal hierher zu kommen.

„Danke, tausend Dank! Wunderschön!"

Wie Hunde zielsicher losziehen, wenn sie im Wald Witterung aufgenommen haben, so zieht es ihn an wilde, gefährliche Orte. Wir suchen eine kleine Kirche an der linken Flanke des Montblanc-Massivs und finden sie tatsächlich. Einige Schilder und eine Kette wecken seine Neugierde.

„Halt doch mal an!"

Neugierig steigt er aus dem Wagen aus.

„Das ist gefährlich! Sie wollen doch nicht über die Kette steigen?!", rufe ich ihm zu.

„Nein!", entgegnet er, geht an der Absperrung vorbei und zwängt sich, den Stock wie eine Sense schwingend, zwischen den Büschen hindurch. Es hilft nichts, ich muss ihm Schritt für Schritt folgen; er hat etwas gewittert. Vor einem gewaltigen Erdrutsch taucht er wieder auf. „Eindrucksvoll!" Es sieht aus, als habe Gott, ein wenig abgelenkt, weil seine Menschenkinder wieder mal irgendetwas angestellt haben, versehentlich einen riesigen Sack voller Rohrzucker auf dem felsigen Bergkamm verschüttet.

Er nimmt denselben Weg zurück, umgeht die Kette, zwängt sich durch die Büsche und steht hinter den großen Verbotstafeln. So ist er: Er betrachtet die Verbotsschilder von hinten. Es bräuchte jemanden, der sich vergewissert, ob – Verbot hin oder her – eine reale Gefahr besteht, einen, der das Verbot bestätigt oder die Lage neu einschätzt.

Wir freuen uns, nach Gallarate zurückzukehren. Im November schlägt der Papst ihm vor, sich am Tag seines Besuchs in Brescia ein paar Minuten zu unterhalten. Der Kardinal ist ein wenig besorgt: Er denkt, dass er wegen seiner monatlichen Rubrik im *Corriere della Sera,* die bereits einige Steine ins Rollen gebracht hat, getadelt werden könnte. Das Gegenteil ist der Fall: Der Papst ermutigt ihn fortzufahren. Hand in Hand treten sie aus dem Zimmer heraus. Eine Schar rot und violett gekleideter Würdenträger drängt sich um die beiden, die noch nicht ahnen können, was das Leben ihnen in den folgenden Jahren bescheren wird. Beim gemeinsamen Mahl sitzen sie nebeneinander; so haben es die für das Mahl Verantwortlichen bestimmt. Martini weiß nicht, wohin mit seinem Stock; er soll nicht stören. Zweimal fällt er um, und der Papst hebt ihn auf. Sie sind schüchtern, gestört durch das grelle Licht, und schweigen überwiegend. Doch es ist ein erfülltes Schweigen, das Schweigen von Menschen, die einander viel zu sagen und zu erzählen hätten, es dann aber in ein Lächeln und einen Blick einschließen.

Für den folgenden Monat ist ein abermaliges Eintauchen in seine Kindheit geplant. Inzwischen ist unverkennbar, dass sein Blick oft zurückgeht, dorthin, von wo er aufgebrochen ist, zur Quelle seiner Träume. An einem gewissen Punkt tut es gut, die Füße in die sicheren Spuren alter, längst Geschichte gewordener Empfindungen zu setzen ... Wir erreichen die ehrwürdige Pension in San Remo, wo sein Vater seine letzten Jahre verbracht hat. Es ist Dezember, drei Tage Ferien sind geplant. Vom Zimmerbalkon aus verliert sich der Blick stundenlang in den Weiten des Horizonts. Er verweilt lange im Schweigen. Nein, es ist keine Täuschung: Der

Himmel berührt tatsächlich die Erde. Der Horizont ist das sichere Zeichen, das Gott den Menschen schenkt, um ihnen sein Einssein mit ihnen augenfällig zu machen.

Solche Momente verlangen Feingefühl und Zurückhaltung: Man muss ihn allein lassen; die Intimität der Liebe, auch jener zwischen Gott und Mensch, will gewahrt sein. Sein Blick ist wieder heiter: „Eines Tages werde ich begreifen; eines Tages werde ich das Mysterium erfassen!"

Mit der Januarkälte erwischt ihn ein leichter Infekt, gegen die eine jener großen, farblosen Pillen helfen soll. Das Fieber sinkt, doch eine ganze Reihe von Nachwirkungen geben Anlass zu ernster Sorge.

Im Konferenzsaal des Aloisianums reicht sich eine Gruppe von Menschen die Hand, obwohl sie aus verschiedenen Blickrichtungen zu Gott hin schauen. Der Abend steht unter dem Titel „Die Gerechten im Islam", und er will nicht fehlen. „Siehe, die da glauben, auch die Juden und die Christen und die Sabäer – wer immer an Allah glaubt und an den Jüngsten Tag und das Rechte tut: die haben ihren Lohn bei ihrem Herrn. Keine Furcht kommt über sie, und sie werden nicht traurig sein" (Sure 2:62). Mühsam hält er sich auf den

Beinen, er hat keine Stimme, um ein Wort einzubringen, und schenkt stattdessen sich selbst: seine stille Präsenz, sein Dasein in der tiefen Überzeugung, dass Gott seine Gerechten in jedem Land „ausgesät" hat, dass sie jede Sprache sprechen, dass sie mit verschiedenen Tönen eine einzige Litanei singen und dass sie – nach ihrem irdischen Gastspiel – einmal als „Gerechte" erkannt werden. Wer an der Abendveranstaltung teilnimmt, ist ihm dankbar, dass er trotz seines Zustands gekommen ist, und vor allem für sein weites Herz.

Zur gleichen Zeit wird er angefragt, ob er nicht ein Kinderbuch schreiben möchte, einen Kommentar zu einer Bibelstelle für die Kleinen, mehr nicht, sagt man ihm. Er zögert: „Für Kinder zu schreiben ist sehr schwierig; das habe ich noch nie gemacht."

Dennoch sagt er schließlich zu. Es bereitet ihm Mühe, aber es gelingt ihm gut und es macht ihm durchaus Spaß. Als die Arbeit beendet ist, nimmt er die Einladung zu einer Buchpräsentation im Ziborium von *San Raffaele* in Mailand an. Es stört nicht weiter, dass ein Kind bei der Veranstaltung zwischen lauter Erwachsenen herumspaziert, die ein wenig zu sehr von sich eingenommen zu sein scheinen. Sehr wohl aber stört es den einen oder anderen, dass der Kardinal bei der Präsentation eines von ihm verfassten Kinderbuches zugegen ist. Ein paar Tage darauf bekommt er einen harten Brief: „Nachdem ich Sie in *San Raffaele* gesehen habe, Eminenz, habe ich all Ihre Bücher weggeworfen." Er antwortet ohne Groll; im Übrigen weiß er gar nicht, wie viele Bücher er verfasst hat; er weiß, dass er sein Leben lang immer nur über ein einziges Buch gesprochen hat: „Ich danke Ihnen sehr für Ihren Brief, werfen Sie ruhig all meine Bücher weg, aber behalten Sie das Evangelium."

Don Verzè [1920–2011, ein in Italien weithin bekannter, vom Dienst suspendierter Priester und hochumstrittener Unternehmer] muss miterleben, wie sein Werk zusammenbricht, wird krank und ist am Ende allein. Eine sich regelmäßig wiederholende Geschichte: Die Erwachsenen wollen nicht lernen. Isoliert, ruft er nach Hilfe. Keiner antwortet. Er ruft lauter. Diesmal hört der Kardinal ihn, spürt seine Einsamkeit und sein Scheitern, und allen warnenden Ratschlägen zum Trotz macht er sich auf den Weg zu ihm. Im Rollstuhl nähert er sich dem Krankenbett des Sterbenden, hört ihm zu, segnet ihn und verabschiedet sich. „Denn Gott hat seinen Sohn nicht in die Welt gesandt, damit er die Welt richtet, sondern damit die Welt durch ihn gerettet wird" (Johannes 3,17). Dann, nach dem Besuch, kann der Sterbende tatsächlich sterben.

Mittwochabends ist es fast ein Ritual, Atlanten und Landkarten zur Hand zu nehmen, um für den nächsten Tag ein Ausflugsziel zu finden. Planen kann er gut, aber er versteht es auch zu improvisieren, wie ein Künstler, der sein Programm hat, aber spontan davon abweichen kann, wenn das Publikum es angeraten scheinen lässt. So verfährt Martini mit seiner freien Zeit, die immer Lebenszeit „für etwas" ist – und dieses Etwas ergibt sich unter Umständen ganz spontan.

Im Auto singen und beten wir. Er erzählt, dass die Soldaten im Krieg auf den Lastwagen „Quel mazzolin di fiori" [„Dieser Blumenstrauß"] sangen, unterbrochen von einem noch am Straßenrand hörbaren „Hoppla!", wenn eine Erdscholle wieder einmal die Räder poltern ließ. Wir beschließen, dass der eine „Chor" das nämliche Lied singt, und der andere für die Unterbrechung sorgt: „Quel mazzolin di fiori ..." – „Hoppla!" – „... che vien dalla montagna ..." – „Hoppla ..." und so fort.

Er lächelt. Das Leben besteht aus vielen derartigen kleinen Freuden; sie sich entgehen zu lassen, um den großen nachzulaufen, wäre eine bedauernswerte Vorstellung ...

Als die Krankheit ihm zunehmend engere Grenzen setzt und die Ausflüge kürzer und mühsamer werden, macht ihm dies zu schaffen. Und wenn derjenige, der ihm assistiert, einmal frei hat, würde er ihn am liebsten begleiten ...

„Morgen fahre ich in die Berge; ich komme aber noch im Laufe des Tages zurück."

Er erwidert mit dem Unterton einer leisen Klage:

„Ja, das ist eine feine Sache. In diesen Tagen ist es ein bisschen traurig hier im Haus; keiner ist da. Ja, fahre nur!"

„Ist Ihnen nach etwas Verrücktem? Hin- und Rückfahrt an einem Tag!? Wir könnten die wichtigsten Medikamente mitnehmen!"

Etwas Verrücktes, das ist für ihn ein anderes Wort für Gesundheit und Freiheit:

„Na klar! Ich komme gerne mit!"

Die sprachlose Krankenschwester stellt die Medikamente zusammen. Sie ist es gewohnt, dass kranke Menschen – verständlicherweise und mit gutem Recht – über ihre Müdigkeit klagen. Er beklagt nur die Einsamkeit. Ab und zu ein neues Gesicht und dazu ein kleines Abenteuer, am besten improvisiert, das ist für ihn die beste Medizin. „Ihr seid mir ein verrücktes Paar!", sagt Marisa lächelnd.

Ende Februar 2011 wollen wir an die ligurische Küste. Es ist sein erster Urlaub im Rollstuhl. Der Aufzug im Haus ist eng; der Rollstuhl muss jedes Mal auseinander- und wieder zusammengebaut werden. Beunruhigend ist, dass er so merkwürdig still ist. Er spürt, dass der Tod näher kommt, er horcht auf ihn, lange. Er weint nicht über sich; er weint über seine übertriebene Vorsicht in der Vergangenheit. Er hat den Eindruck, zu viel Wasser in den guten Wein des Wortes Gottes geschüttet zu haben. Er liest Teilhard de Chardin, das eine oder andere Manuskript, zerknitterte lose Blätter.

Nie ist ein Rollstuhl mit größerer Eile geschoben worden, er fliegt geradezu herbei, die Blätter schwenkend:

„Lies! Jetzt ist der Moment gekommen, etwas Gescheites zu sagen!"

„Padre, es gibt weitere neunhundert Publikationen, die Ihren Namen tragen!", entgegne ich wie benommen.

„Lauter Dummheiten! In meinem Alter ist es an der Zeit, etwas Gescheites zu sagen! Lies!"

Er taucht wieder ein in sein Schweigen. Die Strandpromenade zieht ihn wegen der Brandung an, aber er geht nicht zu Fuß, strengt sich nicht an. Er ist in Gedanken, taucht nur auf aus Interesse für die Sorgen derer, der ihm beistehen: „Seid ihr müde? Wie geht es euch? Sind diese Tage eine Last für euch?" Dann wieder Schweigen. Um dieses Schweigen zumindest ein wenig von innen her zu verstehen, muss man in einige der Blätter hineinlesen, die er bei sich hat.

Teilhard schreibt: „Es gibt in unseren Tagen, wie ich darlegen werde, eine mächtige natürliche religiöse Bewegung. Denken wir als Christen, als Priester jemals daran, dass wir – wenn wir diese Strömung beeinflussen und auf eine übernatürliche Ebene bringen möchten (genau darin besteht ja die Bekehrung der Welt) – unbedingt an ihrem Elan, ihren Fragen und ihren Hoffnungen Anteil nehmen müssen? Solange wir den Anschein erwecken, wir wollten unseren modernen Zeitgenossen von außen eine vorgefertigte Gottheit überstülpen, auch wenn wir dabei in die Menge eingetaucht wären, so lange würden wir auf nicht wiedergutzumachende Weise in der Wüste predigen. Es gibt nur einen Weg, wie Gottes Herrschaft unter den Menschen unserer Zeit zum Zuge kommen kann: den Durchgang durch ihr Ideal; mit ihnen den Gott suchen, den wir schon gefunden haben, der aber noch in einer Weise unter uns ist, als würden wir ihn überhaupt nicht kennen."

Von Texten wie diesem fällt ein wenig Licht auf die Abgründe, die er durchlebt: Er spürt, dass er Zeit vertan hat, dass er nicht voll und ganz Anteil genommen hat an den Fragen, Nöten und Hoffnungen der anderen Menschen. Er leidet darunter, dass er zu oft alleine gesucht hat, nicht immer in Gemeinschaft mit anderen.

Im Sommer 2011 sind wir länger in den Bergen, ein, zwei, drei Wochen. Er schließt mit allen Leuten Freundschaft. Kinder lassen sich von ihm in die Arme nehmen; bei ihm weinen sie nie. Auch mit den Wasserfällen schließt er Freundschaft, besonders mit dem hinter dem Haus. Es braucht keine große Mühe, um sich von ihm in die Kontemplation hineinführen zu lassen. Täglich begibt er sich dorthin und schaut. Lange. Und der Wasserfall antwortet auf seine Weise. Sie sprechen miteinander, sie verstehen einander in einer geheimnisvollen Sprache. Von ihren Gesprächen ist nur der eine oder andere Schluss bekannt:

„Der Glaube ist wie das Wasser dieses Wasserfalls: was für ein Mut, sich so ins Nichts zu stürzen!"

„Glauben haben bedeutet, sich ins Nichts fallen zu lassen."

„Wenn sich das Wasser furchtlos und voller Glauben hinabstürzt, dann empfängt es im Hinunterrauschen Leben und Sauerstoff."

„Der Tod erschreckt mich. Wenn Jesus für alle gestorben ist, warum müssen wir dann sterben?"

Sein Gesicht entspannt sich wieder; er presst die Lippen zusammen, muss durch die Nase atmen. Leben kommt in seine Lungen, eine kaum wahrnehmbare Energie.

Im September brechen wir in Richtung Selva auf, wo uns Silvano Fausti erwartet. Er ist Jesuit und Bibelwissenschaftler, ein treuer Freund des Kardinals, derjenige, der seit Jahren mit seinen innersten Gedanken vertraut ist. Fausti ist geradezu trunken vom Wort Gottes, einer, der darauf brennt, es anderen Menschen weiterzugeben. Er gönnt sich kaum eine Ruhepause, doch für einen Freund wie Martini nimmt er sich Zeit und schiebt seinen Rollstuhl zu den schönsten, auch unwegsamen Stellen, wo sich das großartige Panorama der Dolomiten auftut. Diese beiden Gefährten haben sich im Gotteswort gefunden, in dem sie leben. Silvano schiebt, doch der Kardinal ist müde. Silvano erzählt; Martini folgt nur mit dem Blick. Die lästige „Freundin" drängt sich in den Vordergrund und nimmt ihm seine Stimme, seine Kraft, seinen Atem. Silvano merkt es, kürzt die Wege ab. Die Bewegung des Herzens ist wichtiger als die des Rollstuhls. Für Martini ist es der letzte Besuch an der „Forchetta della Roccia".

Ein Monat Arbeit in Gallarate genügt, um seine Erschöpfung noch weiter anwachsen zu lassen. Er verlangt nach dem Atlas: Der Oktober in den Bergen verheißt eine Natur in herrlichen, wohltuenden Farben. Mit seinem dünnen Zeigefinger weist er auf einen unbekannten Ort im Aostatal: „Da bin ich noch nie gewesen!", sagt er.

Wir wollen nach Val Pelline, mit möglichst wenig Gepäck, denn es ist nur für drei Tage. Ohne seine Anti-Dekubitus-Matratze zeigt sein Rücken schon nach der ersten Nacht rote Streifen, als hätte ihn jemand mit der Peitsche geschlagen. Er klagt nicht. Wir werden auf jeden Fall den einen oder anderen kleinen Ausflug wagen. Von einer kleinen Kapelle mit schöner Aussicht ist die Rede. Die Besitzer des umliegenden Landguts erkennen ihn nicht, sind aber angetan von diesem alten Herrn mit drei Begleitern und laden uns zu sich ein. Wir schauen kurz, wie wir mit dem Rollstuhl am besten und möglichst ohne große Steigung dorthin gelangen. Das Gras ist bereit für den letzten Schnitt vor dem

Winter; es ist mühsam voranzukommen. Seitlich geht es hinunter, man muss aufpassen, dass der Rollstuhl nicht umkippt. So versuchen drei schweißgebadete Maultiere mit aller Kraft den Karren ihres Herrn nach oben zu befördern, während die Besitzer das Schauspiel mit offenem Mund mitverfolgen. Er lacht und gibt strategische Ratschläge:

„Nur Mut! Jetzt langsam! Dorthin! Vorsicht, da geht's runter! Also, jetzt haben wir es geschafft! Gut so!"

Nur denen, die bereit sind, etwas zu riskieren, zeigen sich Ausblicke von ungeahnter Schönheit, hat er oft gesagt und damit das „Panorama des Geistes" gemeint. Er konnte so sprechen, weil er aus Erfahrung wusste, dass Gleiches für die Erde gilt.

Dann wollen wir nach oben zur Kapelle.

„Zieht mich hinauf!", sagt er erwartungsfroh mit weit geöffneten Augen. „Jetzt schauen wir uns die Kapelle an!"

„Da ist aber ein Zaun", wirft jemand ein, „wie soll das gehen?"

„Wo ist das Problem? Wir springen drüber!"

Ihn beseelt die Leidenschaft für das, was über uns hinausgeht, für das Unmögliche. Und das ist Gottes Sache.

Im November, an Allerheiligen bzw. Allerseelen, wird der Verstorbenen gedacht. Es ist eines der seltenen wirklich sinnvollen Feste, ein Fest in der Art einer Vorspeise. Das Größere wird noch kommen; denn der Tod ist nicht mehr; wenn wir ihn feiern, dann feiern wir eigentlich *seinen* Tod.

Martini besucht die Gräber der Seinen in Orbassano. Gräber sind für ihn kein Grund zur Traurigkeit. Bitter sind sie nur, wenn man sie für die endgültige Bleibe hält, aus der es kein Entrinnen gibt. Doch: „So spricht Gott, der Herr: Ich öffne eure Gräber und hole euch, mein Volk, aus euren Gräbern herauf" (Ezechiel 37,12).

In den beiden folgenden Monaten ist es kalt. Auch eine Erkältung kann in seiner Verfassung fatale Folgen haben. Ein herrlicher Februartag und der Anruf eines Freundes, des Bischofs Arturo Aiello, sind eine Gelegenheit, es neu mit der Krankheit aufzunehmen, sich wie ein Radrennfahrer vom Sattel zu erheben und nochmals zum Sprint anzusetzen.

Der Name *Arturo* (Arthur) wird von einigen vom keltischen *Artva* (Stein) hergeleitet, andere plädieren für eine indogermanische Wurzel mit der Bedeutung Bär; das Sternbild Großer Bär hieß im Griechischen

Arctos, ein Stern in der Nähe heißt *Arku-y ros* („Wächterin des Bären"). Die Christen denken an den heiligen Arthur, einen Benediktinermönch. Bischof Arturo Aiello hat tatsächlich etwas von einem Mönch und einem Bären. Er scheut die Menge, zieht sich gern zurück. Doch wenn er spricht, wird er geradezu selbst zum Wort.

Jetzt ist Bischof Arturo für einen Exerzitienkurs am Gardasee. Zu Exerzitien gehört für ihn auch Musik: In diesem „Erdreich" kann der Samen des Wortes besser gedeihen ...

Nun gibt es im Haus in Gallarate einige Pianolas, jene selbsttätig spielenden Klaviere; doch niemand bedient sie. Wir könnten doch eines zu Bischof Arturo bringen ...

„Würden Sie mitkommen?", frage ich.

„Ja!", antwortet Martini zu meiner Überraschung.

Es ist ein so strahlender Tag, dass selbst das graue Asphaltband der Autobahn im Licht leuchtet. Er kennt das Haus, in dem der Bischof seinen Kurs hält: Oft ist er dort gewesen, allein die Erinnerung an den Blick vom Balkon über den See tut gut.

Die für die Gäste verantwortliche Schwester hat nicht gewusst, dass jemand kommen würde.

„Fahren Sie sofort das Auto weg!", sagt sie zu mir.

„Ja, aber lassen Sie uns ein bisschen Zeit, bis der Kardinal ausgestiegen ist."

„Welcher Kardinal? Ich weiß nichts von einem Kardinal. Suchen Sie mir ja keine Ausreden!"

„Kardinal Martini!"

„Von wegen Martini!"

Während wir reden, hat man ihm schon geholfen, sich zu erheben; Marisa steht mit dem Rollstuhl bereit.

Da tritt die Schwester, die immer noch an einen Scherz glaubt, mit drohender Miene hinzu:

„Ich habe ihm gesagt, dass er hier nicht … Oh Gott! Kardinal Martini! Eminenz, entschuldigen Sie bitte!"

Er amüsiert sich, während ich noch eins draufsetze:

„Der Kardinal ist hier, um Arturo das Pianola zu bringen!"

„Ja, natürlich!", stammelt die offenkundig völlig verdutzte Schwester. „Der Kardinal bringt dem Bischof das Pianola, natürlich …!"

Im März 2012 kehren wir nach San Remo zurück. Diesmal sind auch die Verwandten dabei. Er ermüdet immer schneller; der Tod rückt mehr und mehr ins Blickfeld. Seine Nichte Giulia spricht ihn offen darauf an. Ihr Name leitet sich von jenem altrömischen Geschlecht, der *Gens Iulia*, ab, der auch Gaius Julius Cäsar entstammte. Etymologisch gibt es wohl eine Verbindung zu Jupiter. Giulia ist eine Frau „aus einem Guss", klar, mutig, verlässlich, eine geborene Führungspersönlichkeit. Sie stellt ihm präzise Fragen, will wissen, wie er beim Fortschreiten der Krankheit begleitet und unterstützt werden möchte. Er bekundet eher sein Unbehagen darüber, dass ihm sowieso schon zu viel Hilfe zuteil werde:

„Drei Leute kümmern sich um mich! Wer hat heute schon ein solches Glück?!"

Es war vor der bereits erwähnten Reise in die Schweiz, wo er sich mit ein paar Freunden treffen wollte. Kein Kranker in seinem Zustand würde sich eine solche Unternehmung antun, es sei denn, die Liebe drängt ihn. Einige wenige Bischöfe sind da. Sie beten miteinander. Sie denken an die Kirche, die „Braut Christi". Sie sind besorgt, dass sie ihr Lächeln verloren hat; nicht so sehr, dass sie – wie oft beklagt – an Boden verliert. Sie beten für Papst Benedikt, überlegen, wie sie ihm zur Hand gehen, ihm über die Brücke helfen können, die über Gleichgültigkeit, Spott und Feindseligkeit führt.

Die Freunde schauen voller Bewunderung auf diesen alten Kardinal, der mit einem Krankentransporter angereist ist und doch das Tagesprogramm aufs Genaueste einhält. Auf dem unebenen Boden der alten Flure mag er hin und wieder ins Stolpern kommen, nicht aber, wenn es darum geht, einen jener Wege der Hoffnung zu beschreiben, wie sie der Kirche aller Zeiten geschenkt worden sind. Bei der Verabschiedung bedanken sie sich. Einer kann sein Staunen nicht verbergen: „Nie habe ich in einem Bischof so viel Liebe zur Kirche wahrgenommen! Ich werde mir die Frage, was ich für die Kirche heute tun kann, zu Herzen nehmen und ernsthaft darüber nachdenken."

Im Juni 2012 hört er definitiv auf, für die Rubrik im *Corriere della Sera* einmal im Monat einen Beitrag zu schreiben. Er möchte persönlich allen danken und sich verabschieden. Einige Tage darauf schreibt er: „Ich ziehe mich zurück, um zu verhindern, dass derartige Gelegenheiten ein Privileg der Alten werden." Er vertraut dabei auf eine innere Stimme, die ihn als jungen Jesuiten in einem Moment der Zukunftsangst getröstet hatte. Er erinnert sich an diese Einsicht, als würde sie ihm heute aufs Neue geschenkt: „Du wirst bei der Arbeit fehlen, aber die Arbeit wird dir nicht fehlen."

Im Juli kehren wir zurück in die Berge, nach Val Formazza. Es sind seine letzten Ferien, er spürt es. Seine Begleiter aber verstehen seine Hinweise nicht oder wollen sie nicht verstehen.

Als wir an einem Nachmittag draußen sind, fragt ihn jemand, wie er sich fühle, wie er das letzte Jahr sehe. Mit der rechten Hand ahmt er den Sturzflug eines Flugzeugs nach und erklärt:

„Die Stimme hat sich verschlechtert, mit dem Gehen ist es genauso, und tagsüber zeigt sich in einigen Momenten eine gewisse mentale Verwirrung."

Am Abend zieht ein peitschender Regen mit Hagelschauern auf.

Menschen, die so fruchtbar sind wie er, haben viele Kinder, ohne dass sie es wissen. Eines Morgens fährt ein ganzer Bus vor seinem Fenster vor. Sie singen und rufen fröhlich: *„Viva il Cardinale Martini* – Es lebe Kardinal Martini!"

Er tritt ans Fenster, bedankt sich und fragt:

„Wart ihr je in Jerusalem?"

Sie schütteln den Kopf.

„Gut, dann fahrt einmal dorthin!" Und er fügt hinzu: „Wir werden uns dort wiederfinden."

Keiner versteht. Sie meinen, er hätte eine weitere Reise geplant. Am Ende der Messfeier versucht er den Anwesenden anzuvertrauen, was ihn bedrückt: Warum war der Glaube einst wie ein Leuchtfeuer, während heute Nacht ist? Warum, Gott, ließest du einst „Regen strömen in Fülle und erquicktest dein verschmachtendes Erbland" (Psalm 68,10) – und heute nicht mehr? Die Versuche, ihn abzulenken, fruchten nicht. Die dunklen Wolken im Herzen brauchen Zeit, bis sie sich verzogen haben; er bedankt sich bei jedem für alle Bemühungen im Laufe des Tages.

Eines Morgens, nach den Laudes, ruft er plötzlich aus:
„Ich verstehe, dass es schwer ist, Jesus zu verzeihen!"
„Jesus verzeihen?"
„Ja, wir müssen Jesus verzeihen!"
„Warum?"
„Weil er die Apostel und wenige andere an seiner Auferstehung hat teilhaben lassen. Eine Gruppe von engen Vertrauten!"
So fasst er kurz und bündig in Worte, was ihn seit Jahren umtreibt wie ein Stachel im Fleisch: Warum ist ein Geschehen von einer solchen Bedeutung und Tragweite wie die Auferstehung nur einigen wenigen als be-

sondere Erfahrung zuteil geworden, während Jesu Tod ein öffentliches Ereignis war?

Am 13. Juli feiern wir miteinander den Jahrestag seiner Priesterweihe. Wir sind in der Kirche; er dankt den Anwesenden und anderen. Wie sechzig Jahre zuvor ist kaum jemand bei der Feier zugegen; ihm ist es recht so.
„Wir müssen viel beten. Bald wird der Herr kommen, die Welt mit seiner Barmherzigkeit zu richten", sagt er, die Tageslesungen kommentierend.
Don Virginio Pontiggia bringt als Geschenk einen großen Laib Brot mit: „das Brot des Elija", ein Symbol für das Durchhalten, das Ausharren in harter Zeit. Über dem Tag liegt der Duft der Dankbarkeit.

Nach einigen Tagen kehren wir nach Gallarate zurück; wir merken, dass wir uns nicht mehr in Höhen über 1500 Meter begeben sollten. Der für Anfang September geplante Aufenthalt in Val Gardena muss abgesagt werden. Heißt das, sich nicht mehr hoch hinauf zu begeben? Undenkbar! Andere, größere Höhen warten auf ihn.

VI

Im Schweigen: Gott

Nachdem er so vieles ertrug,
erblickt er das Licht.
          (Jesaja 53,11)

Es ist Winter, der erste, den wir gemeinsam verbringen. Seite an Seite gehen wir im Schatten eines flachen Waldstücks spazieren. Ein Teppich vertrockneter Blätter bedeckt den Pfad; es herrscht völlige Stille, auch die Spatzen und der Wind schweigen, nur das Rascheln des Laubs unter den Schuhen hallt zwischen den Bäumen wider.

„Dieses Geräusch hat mir einmal das Leben gerettet", sagte er.

„Welches Geräusch, Padre?"

„Das Rascheln der trockenen Blätter unter den Füßen. Ich war ein junger Jesuit in Ausbildung. Ich fühlte mich einsam, niedergedrückt, ein wenig in Krise, und ich fragte mich, welchen Sinn das Leben hat, wozu es die Mühe lohnt. Ich lauschte: Das Rascheln der Blätter unter den Füßen begleitete mich, sonst nichts, und allein die Gefährtenschaft dieses Geräuschs gab mir die Kraft, nicht den Mut zu verlieren: Es lohnt sich zu leben!"

Die Menschen wollen Beweise für die Existenz Gottes. Sie warten bei jeder Weggabelung darauf, dass er sich ihnen zeigt und den Weg weist. Vertrauen haben sie nur, wenn Gott zu ihnen spricht – und gerade deshalb hören sie seine Stimme nicht. Carlo Maria Martini aber ist vertraut mit den Worten der Bibel; er weiß: Gott spricht im leisen Säuseln des Windes, im Feuer, das nicht verbrennt, in einer nicht zu greifenden Wolke, durch den wenig eleganten Flug einer Taube. Im Rascheln toten Laubs.

Er spricht mit Gott. Er spricht, möchte mehr sagen, würde gern „besser" mit ihm sprechen, aber die Krankheit nimmt ihm zu viele Kräfte. Man erkennt die unscheinbaren Bewegungen der Lippen, wenn er im Bett liegt, wenn eine Schar von Krankenpflegerinnen oder -pflegern ihn in kritischen Momenten umgibt. Das

Psalmgebet ist obligatorisch, aber nur mit Liebe gebetet, wird es zu Leben. Er singt, beim Singen bricht die Stimme und leuchtet doch wie die Stücke eines Kristalls im Sonnenlicht. Er weiß, dass es nicht harmonisch klingt, aber das kümmert ihn nicht weiter.

Was in bestimmten Momenten zwischen ihm und Gott vorgeht, weiß niemand. Er sagt einfach: „Bring mich in die Kapelle!" Es scheint wie ein Ruf. Ein „Ur-Ruf". Ein kleines Licht beleuchtet den Tabernakel. In Stille verweilt er dort, man sieht, dass die beiden im Einvernehmen sind und einander verstehen. Der Atem entspannt sich, wird ruhiger. Wo Liebe ist, braucht es nicht viele Worte: Einige Minuten reichen, um die an diesem Tag anstehenden Dinge und Fragen zu besprechen. Einige Minuten vor Gott genügen, um die Fragen eines Lebens, jeden Lebens zu klären. „Wenn ihr betet, sollt ihr nicht plappern ..." (Matthäus 6,7). Gott selber sagt uns das durch Jesus. Wir sollen nicht viele Worte machen, es wäre vergeudetes Leben, vergeudete Zeit, eine Verschwendung von Kraft, von Freude, von Lächeln ... Er sagt, es tue ihm leid, dass er nicht genug verschwenden kann, aber seine Augen sind fest auf Jesus im Tabernakel gerichtet. Sie schauen sich an, sie vertrauen sich einander an, sie trösten einander.

Wenn ich beim Stundengebet das *Benedictus* oder das *Magnificat* anstimme, schließt er die Augen, der Zeigefinger der rechten Hand dirigiert den Gesang, zeichnet ins Leere, was seine Stimme nicht ausdrücken kann. Martini ist ein aufmerksamer, anspruchsvoller Dirigent: „Heute lasst ihr aber das *Te Deum* nicht aus wie am letzten Sonntag!"

Die Menschen wissen von klein auf, dass die Nacht ein Reich dunkler Fantasien voller Gespenster ist. Sehnsüchtig erwartet man den Tag, wie einst die Fischersfrauen am Kai die Rückkehr ihrer Männer vom anderen Ende der Welt erwarteten. Das Warten in der Nacht kann schier endlos sein, vor allem für einen Kranken. Wie spät ist es?, fragt man sich ein-, zwei-, dreimal ... Man findet sich damit ab, dass es noch viel zu früh ist, dass mitten in der Nacht niemand kommt. Außer Gott. Der schläft nicht. Die Gespenster verziehen sich, die Stunden des Wachens werden Stunden der Liebe. Die Verwandlung der Nacht wird unterstützt durch ein kleines Gerät: ein iPod mit dem „sakralen Unterverzeichnis", eingestellt auf „zufällige Wiederholung", Psalmen, der Rosenkranz, die „Nachfolge Christi" im immer neuen Wechsel; manchmal hilft auch das „weltliche Verzeichnis" mit jüdischer Volksmusik und Mozart. Es ist, als trete Gott auf Zehenspitzen ins Krankenzimmer, um ihm Mut zu machen und ihm nahe zu sein. Gott bleibt, wenn alle, der Psalmenbeter, Mozart, die Krankenpfleger und Assistenten, das Zimmer verlassen.

Ende Juli erwartet ihn wie immer sein Vater Ignatius von Loyola. In seiner Autobiografie erzählt dieser von sich, gewissermaßen, ohne etwas über sich selbst zu sagen: Er erzählt von dem, was *Gott* mit ihm gemacht hat, ohne ihn. Wer Franziskus folgt, nennt sich „Franziskaner", wer Dominikus folgt, „Dominikaner". Wer Ignatius folgt, ist schlicht und einfach ein Gefährte Jesu, ein „Jesuit". Er ist frei, sich zu nennen, wie er will. Man kann Ignatius folgen und sich zum Beispiel Franziskus nennen. Ignatius präsentiert sich selbst als Pilger, immer unterwegs, immer auf den Spuren Gottes.

Martini „trifft sich" mit ihm wie gesagt jedes Jahr Ende Juli, acht Tage vor seinem Gedenktag [31. Juli]. Dabei nimmt er sich die gleiche Freiheit, die seinen Ordensgründer in so vielem geprägt hat. Er sucht sich ein, manchmal zwei Bücher aus der Feder von Jesuiten aus, nicht weil dies die Nähe zum Gründer garantieren würde, sondern weil sie auch dann von Jesus sprechen, wenn das Thema vordergründig ein ganz anderes ist.

Er fährt mit dem Zeigefinger über das Inhaltsverzeichnis und markiert mit einem feinen Stift die Kapitel oder Abschnitte, die er lesen und meditieren will. So macht er es an acht aufeinanderfolgenden Tagen. Der Gottesgeist, von dem sich die Autoren leiten lassen wollten, wird sicher auch ihn das Richtige finden lassen ...

Er bittet um größtmögliche Stille in dieser Zeit. In den letzten beiden Jahren kommt einem dies vor, als bitte jemand darum, ein Glas Wasser in einen Fluss zu gießen. Zweimal am Tag lesen wir ein paar Seiten, dann: Schweigen. Wir sehen uns wieder, um uns zu erzählen, was das Schweigen uns gesagt hat. Wenn *das Schweigen* spricht, ist das etwas sehr Wesentliches. Es lädt ein, wenige kleine Vorsätze zu fassen; denn es weiß, dass sie – ein Leben lang befolgt – reichere Frucht bringen als große Verpflichtungen, die sich jemand für ein paar Tage auferlegt hat. Der Kardinal geht die jährliche Exerzitienzeit jedes Mal an wie ein Erstklässler, als hätte er alles bisher Erlernte vergessen und würde bei Null beginnen. Sein Leben lang hat er es geliebt, die ersten, elementaren Dinge immer wieder neu zu erlernen.

Die Frucht der Exerzitien ist Jahr für Jahr gleich: „Ich nehme mir vor, jeden Tag Anbetung zu halten!" Den meisten käme das wohl wie ein langweiliges Spiel vor. Doch er weiß, dass derselbe Vorsatz, zu verschiedenen Zeiten gefasst, immer neue Wirkungen zeitigt. Zwei Menschen, die sich mit zwanzig die Liebe versprechen, schenken einander etwas anderes als diejenigen, die es zwanzig Jahre hindurch Tag für Tag tun: Das wiederholte Versprechen macht unablässig alles neu.

Im Zentrum des Tagesablaufs steht die Eucharistie. Sie ist wie das Herz in der Brust. Mit Freude nimmt er dieses oder jenes Wort auf, mit Mühe spricht er einige andere selbst aus: „Der Herr sei mit euch!"; „Wir danken dir, Herr …"; „Wir bitten dich …"; „Lasst uns danken dem Herrn, unserem Gott!" Das Übrige überlässt er anderen. Seine Stimme erlaubt ihm nicht mehr, aber die Hände gehorchen noch. Er hält sich an der Seite des Altars fest und übernimmt die Rolle des Ministranten. Er faltet das Manutergium, das kleine Tuch, so sorgfältig, wie die Frauen früher die gebügelten Hemden ihrer Gatten zusammenlegten. Vorsichtig gießt er bei der Gabenbereitung das Wasser aus …; wer ihn nicht kennt, könnte ihn für einen perfekten Akolythen halten.

Wenn jemand fragt, ob er zur Eucharistiefeier kommen dürfe, erhält er immer eine positive Antwort, auch noch, als man nur noch sieht, wie sich bei den Wandlungsworten seine Lippen bewegen. Doch auch das hat sein Gutes: Die unhörbaren Worte treffen die Anwesenden umso mehr ins Herz.

Als zu den Problemen mit dem Sprechen auch noch die mit den Augen hinzukommen und er, allgemein geschwächt, kaum mehr aufstehen kann, entscheiden wir uns, die heilige Messe künftig mit den Schwerkranken im obersten Stock des Hauses zu feiern. Kurz vor Beginn der Feier füllt sich die Kapelle langsam mit verkrüppelten, hinkenden, blinden, tauben, wirren, depressiven, herzkranken Menschen. Diese wunderbare Truppe liebt den Kardinal sehr. Wenn sie zärtlich seine Hand nehmen, sie küssen, wie sie es von früher her gewohnt sind, wenn dem einen oder anderen der Speichel hinunterläuft, wenn eine Nase tropft oder sich Krümel eines zuvor gegessenen Kekses beimischen, dann hat das etwas von einer heiligen Geste, einer Segnung seines silbernen Bischofsrings mit der menschlichen Zerbrechlichkeit. Könnte einem eine eucharistische Feier nach dem heiligen Brot und Wein etwas Heiligeres, etwas Menschlicheres, etwas Echteres geben?

Was er bei diesen Gottesdiensten noch ganz alleine zu tun vermag, ist die Spendung des Schlusssegens. Er erteilt ihn zum Altar gewandt, denn er schafft es nicht mehr, sich zu den Anwesenden umzudrehen. „Gepriesen bist du, Herr, Gott unseres Vaters Israel, von Ewigkeit zu Ewigkeit … Von dir kommt alles; und was wir dir gegeben haben, stammt aus deiner Hand. Denn wir sind nur Gäste bei dir, Fremdlinge, wie alle unsere Väter … Ich habe mit Freuden gesehen, wie auch dein Volk, das sich hier eingefunden hat, dir willig spendet. Herr, Gott unserer Väter Abraham, Isaak und Israel, erhalte diese Gesinnung für immer im Herzen deines Volkes!" (1 Chronik 29,10–18). Dies sagt er – ohne Worte.

Ein Blick in die Schlusskapitel der Evangelien zeigt, dass ein Opfer, auch ein freiwilliges, nichts Anziehendes besitzt. Wenn etwas anzieht, dann die Liebe, die es trägt, nicht das Äußere. Nach außen zeigt sich ein verbrauchter Leib, zeigt sich die Abwendung von Freunden. „Er hatte keine schöne und edle Gestalt, sodass wir ihn ansehen mochten" (Jesaja 53,2), ruft der Prophet aus den Tiefen der Vergangenheit wie aus den Tiefen unserer Zeit. Martini weiß, dass die Wahrheit am stärksten aufscheint in der „Niedrigkeit" dessen, der sie verkündet. Er ist im Krankenhaus, körperlich am Ende. Er hat weder die Kraft, den Menschen zu danken, noch, Gott Dank zu sagen. Ein Krankenhaustisch wird zum improvisierten Altar. Der Kelch ist sichtlich alt, Kerzen gibt es keine. Das Messbuch ist schmierig und schmutzig, weniger, weil es so oft in Gebrauch wäre, als aufgrund mangelnder Pflege. Er gibt den Segen vom Bett aus und fügt an: „Das ist wirklich die ärmlichste Messe, die ich je im Leben gefeiert habe!"

Doch es fehlt nicht an tröstlichen Erfahrungen. Die kleine Kapelle im zweiten Stock ist übervoll; die Leute sitzen dicht gedrängt. Einige sind unrasiert. Er ist gerührt, als er sie alle sieht, und raunt mehr, als dass er spricht: „Ich bin glücklich, euch wiederzusehen. Es ist eine große Freude für mich, dieses Gebet mit euch zu teilen. Das ist ein sehr schöner Abend für mich."

Ganz wenige Worte fallen in die Schönheit langer Phasen des Schweigens hinein. Aus einem der Anwesenden bricht ein leises Gebet heraus: „Es waren nicht die Ideen, es waren nicht die Hände, es waren nicht die Pistolen, nein: Ich, *ich* habe geschossen! Ich bitte um Vergebung." Martini sagt dazu nichts, nur stille Tränen umgeben diese Geste der Bekehrung. Er möchte zurück auf sein Zimmer. Der Kreis der um den Altar Versammelten öffnet sich für ihn, sie machen ihm Platz, reichen ihm die Hände. Stille, hier und da ein Flüstern, sonst nichts. Die ehemaligen Mitglieder der Roten Brigaden, ihre Opfer und deren Verwandte stehen ihm wieder vor Augen.

* * *

Dezember 2011. Einer der eher stillen Tage mündet in einen plötzlichen Schrei. Eine Bitte, ein lautes Flehen. Die einzige flehentliche Bitte in zweieinhalb Jahren fast ohne Stimme. Gleich einer Vulkaneruption bricht sie aus langen Zeiten des Schweigens hervor; in Bruchteilen von Sekunden werden die Steine gen Himmel geschleudert. Ohne jede Vorwarnung breitet er die Arme aus, füllt seine Lungen, die geschlossenen Augenlider schützen die Intimität der Seele, und die Stimme von früher hallt durch das Zimmer:

„O Jesus! Nimm diese Schwäche, nicht sprechen zu können, an; sie trifft mich bis ins Mark; ich bin doch gemacht, um zu kommunizieren! Ich nehme diese Schwäche an aus Liebe zu dir, für all das, was du für mich getan hast. Ich möchte arbeiten, aber ich fühle mich so müde, dass ich mich nur auf den Tod vorbereiten kann."

Der ganze innere Kampf tritt in diesem einen Schrei aus dem Schweigen heraus, in dieser einen Bitte.

„Zu dir rufe ich, Herr, mein Fels.
Wende dich nicht schweigend ab von mir!
Denn wolltest du schweigen,
würde ich denen gleich, die längst begraben sind."
(Psalm 28,1)

Wenn du nicht mit mir sprichst, bin ich wie tot.

Abraham, Mose und alle anderen „Bewohner" des Heiligen Buches sind „gegangen", aber nicht einfach so und nicht leichten Herzens. Am Anfang war der Kampf, der Kampf war bei Gott, und der Kampf war Gott.

Auch Martini schreibt von diesem Kampf: Mit seinen Tränen hat er ihn auf das Altartuch geschrieben. Es ist der 31. Januar 2012. Wir sind zu viert: Gott, er, eine befreundete Ordensfrau und ich. Zu viert um einen kleinen Altar. Es ist ein sonniger Tag. Nach dem Evangelium flüstert er drei kurze Gebete. Sein Schweigen lässt unsere Gedanken still werden. Dann ein Zeichen, dass er fortfahren will, doch er stockt. Die Liturgie geht weiter, etwas Grausames liegt in ihr: die Tatsache, dass sie weitergeht, dass sie zu Ende gebracht werden will. Man möchte sie anhalten, aber sie geht weiter. Doch manchmal *ist* es nötig, einen Riegel vorzuschieben, ihrem Fortgang Einhalt zu gebieten. Eine

Sekunde vor der Wandlung erhebt er sich, die Beine schrecklich wacklig, und sagt:

„Ich möchte etwas sagen. Ich möchte euch sagen: Auch wenn auf der anderen Seite nichts sein sollte, bin ich glücklich, dass ich dieses Leben gelebt habe und mit euch teilen konnte."

Die Gedanken sind unwillkürlich wieder ganz bei seinem Kampf, bei dem quälenden Gedanken, dass alles umsonst gewesen sein könnte. Der Kelch wird mit Tränen gereinigt.

Die Liturgie geht wieder unerbittlich weiter.

„Gebt einander ein Zeichen des Friedens."

Kann ein Zeichen des Friedens einem dienen, der so zu kämpfen hat? Wer sich im Kampf befindet, will Frieden, nicht „ein Zeichen des Friedens".

Wir gehorchen der Liturgie, unter Tränen, mit der Bekundung tiefsten Mitgefühls und aller erdenklichen Nähe. Er bedankt sich, wissend, dass es eine Einsamkeit gibt, über deren Schwelle kein Mensch zu treten vermag. Manchmal wagt nicht einmal Gott diesen Schritt.

* * *

Heute befindet sich über seinem Grab ein Kreuz. Das Kreuz eines Menschen, eines Heiligen, der denselben Namen trug wie er: der hl. Karl Borromäus. Im Schatten jenes Kreuzes schrieb dieser Heilige die keinesfalls beruhigenden Worte:

> „Deine Liebe
> hat so von meinem Herzen Besitz ergriffen,
> dass ich – auch wenn es keinen Himmel gäbe –
> dich dennoch lieben würde."

Wenn die Liebe ihren Flug zu Gott antritt, ist sie derart bar aller Vernunft, dass sie selbst das Nichts akzeptieren würde.

VII

„Geht in Frieden"

Wie könnte ich dich aufgeben, Israel?
(Hosea 11,8)

Das Kreuz ist als solches eine Tatsache, eine in gewisser Hinsicht banale Tatsache. Wer würde, mit dem Tod konfrontiert, nicht unwillkürlich die Arme ausbreiten? Wer fühlte sich nicht angenagelt, wenn er ihm in die Augen blickt? Irenäus von Lyon, ein Heiliger aus der Frühzeit des Christentums, beschreibt zeitlos gültig, dass wir ihm alle gleich gegenüberstehen: „Ob es sich um einen großen oder einen erbärmlichen Redner handelt, alle lehren dieselbe Wahrheit ... Weder kann der Redegewandte ihn verschönern, noch der Stotterer ihm etwas nehmen." Auch Paulus, der den Samen des Evangeliums vielerorts ausgesät hat, entledigt sich angesichts der Wahrheit des Kreuzes all seiner Weisheit: „Christus hat mich gesandt ..., das Evangelium zu verkünden, aber nicht mit gewandten und klugen Worten, damit das Kreuz Christi nicht um seine Kraft gebracht wird" (1 Korinther 1,17). Gewandte und kluge Worte schaden nur. Es geht um ein Faktum. Der Schmerz *ist* ein Faktum.

Dass etwas im Organismus nicht funktioniert, ist im Übrigen nicht wirklich verwunderlich, wenn man bedenkt, dass ein Mensch aus drei Millionen Zellen besteht. Da überrascht es nicht, dass bei der einen oder anderen Zellteilung etwas schiefgeht. Martini jedenfalls wundert sich nicht, sondern staunt im Gegenteil, dass nicht viel mehr danebengeht, zum Beispiel wie es wohl kommt, dass er bei seinem zunehmenden körperlichen Verfall nicht von weiteren schweren Krankheiten heimgesucht wird.

Nicht, dass er das Leben geringschätzen würde; nein, er nimmt es vielmehr, wie es ist. Da er nicht viel essen kann, freut er sich über geschmackvolle Speisen. Da er schlecht sieht, sucht er lichtvolle Landschaften. Was ihm bleibt, ist das Gehör, und er hört Mozart.

VII – „Geht in Frieden!"

Wenn man ihn vor Gefahren warnt und vor einem Sturz bewahrt, ist er dankbar. Aber nüchtern fügt er an: „Ich weiß, wie ein Parkinsonkranker oft stirbt: Er fällt, bricht sich etwas, ist ans Bett gefesselt, und ein paar Wochen später kommt der Tod." Wir sehen ihm gerne nach, dass ihm offenbar die alte biblische Vorschrift gerade entfallen ist: „Ihr sollt keinen Knochen des Paschalammes zerbrechen" (Exodus 12,46) …

Ihn zu verstehen, wird zunehmend schwieriger. Die Stimme ist tief, er ist ständig müde, seine Zunge „schwerfällig" wie die des Mose (vgl. Exodus 4,10). Was soll man sagen, wenn Gott auf eine solche Klage erwidert: „Wer hat dem Menschen den Mund gegeben und wer macht taub oder stumm, sehend oder blind? Doch wohl ich …!" (Exodus 4,11). Aber auch Gott soll wissen, wie frustrierend es für den Stummen ist, der etwas sagen möchte und es nicht kann, und wie deprimierend für die anderen, die ihn nicht verstehen und nichts tun können.

Ende Juli beginnen die Exerzitien. Wie immer greift er auf Ignatius zurück und bittet ihn, ihn durch das Labyrinth des Mysteriums zu begleiten. Er lässt sich nicht entmutigen. Diesmal – es ist das letzte Mal – möchte er die „Mittlerschaft" des Wortes der Heiligen Schrift überspringen: „Die Gegenwart Gottes ist mir immer durch die Heilige Schrift vermittelt worden. Ich möchte versuchen, ihn direkt wahrzunehmen, ohne Vermittlung." Er greift zu einem Buch über die Trinitätstheologie.

Immer wieder leidet er an Schluckbeschwerden. Am Ende der Mahlzeiten überkommt ihn ein heftiger Hustenreiz. Der Husten, zu schwach, als dass er danach wieder frei atmen könnte, ist wie ein lautes Flehen: undenkbar, dass es nicht zu Gott vordringt ...

Er fährt fort mit seiner Meditation über die Liebe Gottes. Unterschiedliche Themen beschäftigen ihn: Kann Gott lieben, ohne dass seine Allmacht Schaden nimmt? Ob sich die jahrhundertealte Streitfrage zwischen Katholiken und Orthodoxen überwinden lässt: ob der Heilige Geist aus dem Vater und dem Sohn oder nur aus dem Vater hervorgeht?

Er erzählt vom Besuch des Patriarchen von Konstantinopel, Bartholomäus I., im Jahr 1997 in Mailand: Im Gottesdienst war vorgesehen, das Glaubensbekenntnis zu singen; mit dem Patriarchen kam er überein, dass nur sie beide es beten sollten, und zwar auf Griechisch: „Die Leute haben nichts verstanden, aber

wir haben das Problem des *Filioque* [„und dem Sohn",
s. o.] überwunden", sagt er und lächelt.

Mit einem befreundeten Bischof isst er zu Abend. Der eine weiß, was dem anderen bitter aufstößt ... Doch sie machen es wie die Mütter in der Kinderklinik: Wohl wissend, dass es keinem schmeckt, sprechen sie einander Mut zu, indem sie sagen, das Essen sei gut. Und wie die eine der anderen wünscht, ihr Kind möge bald wieder gesund werden, so sagen die Bischöfe zueinander: „Gott sei uns gnädig und segne uns. Er lasse über uns sein Angesicht leuchten" (Psalm 67,2).

An dem Tag, an dem die Exerzitien zu Ende gehen sollten, bittet er um eine Verlängerung. „Im 13. Kapitel des Johannesevangeliums spürt man mehr als anderswo den Heiligen Geist. Es ist zutiefst inspiriert!", sagt er. Ein kurzer Blick hinein macht deutlich, was er meint:

> „Meine Kinder,
> ich bin nur noch kurze Zeit bei euch.
> Ihr werdet mich suchen,
> und was ich den Juden gesagt habe,
> sage ich jetzt auch euch:
> Wohin ich gehe,

dorthin könnt ihr nicht gelangen.
Ein neues Gebot gebe ich euch:
Liebt einander!
Wie ich euch geliebt habe,
so sollt auch ihr einander lieben.
Daran werden alle erkennen,
dass ihr meine Jünger seid:
wenn ihr einander liebt."
(Johannes 13,33–35)

Maria Luisa, eine Bibelwissenschaftlerin, leistet ihm ein wenig Gesellschaft. Als erste Frau hat sie jahrelang Miniaturen, Pergamente und Scherben untersucht – zuvor eine reine Männerdomäne.

Der Atem- und Schluckmechanismus wie auch der Gleichgewichtssinn funktionieren nicht mehr mit jener unbewussten Selbstverständlichkeit; es wird keine Besserung mehr geben. „Atmen Sie durch die Nase!"; „Husten Sie stärker!" ... Tausendmal am Tag hört er solche Sätze, und tausendmal reagiert er geduldig. Die Sorge, er könnte ersticken, hält seine Begleiter in Atem. Er, der so oft die Wachsamkeit empfohlen hat, lässt jetzt andere über sich wachen. Er freut sich, wenn sie es tun. Wachsamkeit kann man nicht lehren. Sie keimt von selbst auf, wo eine Beziehung wie die zwischen Eltern und Kindern ist, wo einem ein anderer Mensch wichtig ist, wo Liebe ist.

Er erfährt, dass ein befreundeter Ordensmann aufgrund eines schweren Herzleidens in einer Schweizer Klinik liegt. Er möchte gleich aufbrechen, ihn in seiner Schwachheit mit seiner eigenen trösten. Ohne diese zur Schau zu stellen ... Er schreibt: „Nehmen Sie das Jahr 2012 als ein Jahr der Erholung, im nächsten Jahr wird man sehen. Ich habe auf alles verzichtet, und es geht mir sehr gut."

Es geht ihm sehr gut, weil er alles übergeben hat, wie ein Laufbursche, dem kein Paket übrig geblieben ist. Er hat die richtigen Adressaten gefunden. Dem, der alles ausgehändigt hat, bleibt nur noch eines: sich selber auszuhändigen.

Wir kommen zurück nach Gallarate. Die Freunde kommen und gehen. Sie bewegen sich mit größter Behutsamkeit. Aus Rumänien trifft Pater Georg Sporschill ein. Sein Vorname, griechischen Ursprungs, bedeutet „Erd(be)arbeiter"; Pater Sporschills Terrain ist das der Straßenkinder in Osteuropa, denen Vater und Mutter fehlen, die keine Kindheit haben.

Die beiden beten miteinander; als Jesuiten haben sie die gleiche Art, mit Gott zu sprechen: schlicht und in ungeschminkter Direktheit, dem Herrn in die Augen blickend. Es ist die Sprache, wie wir sie aus den Psalmen kennen, angepasst an die heutige Zeit.

Nach dem Mittagessen sehen sie sich noch einmal, um sich zu verabschieden. Doch unversehens kommt es zu einer regelrechten Flut an Worten, etwas, womit niemand hat rechnen können. Tiefe Fragen, die ins Herz fallen. Stürmische, kräftige, trockene Antworten.

„Wie sehen Sie die Situation der Kirche?"

Am Schluss fragt Carlo Maria Martini: „Ich habe noch eine Frage an dich: Was kannst du für die Kirche tun?"

Ohne Unterbrechung zieht sich das Gespräch mit Fragen und Antworten bis in den Nachmittag hinein.[1] Danach ist er gelöster, aber auch sehr müde.

Am nächsten Morgen fahren wir ins Krankenhaus, um Schwester Germana zu besuchen, die ihm dreißig Jahre lang zur Seite gestanden hat; jetzt ist sie in der Klinik und erinnert sich nur noch an das eine oder andere aus

---

1 Das vollständige Interview ist abgedruckt in: Carlo Maria Martini, Gottesspuren, Verlag Neue Stadt, München 2013.

der Kindheit. Manche Krankheiten machen uns bewusst, dass dasjenige, was sich mit der Zeit von uns entfernt, durch diese Ferne unserem Zugriff entzogen und so geschützt bleibt. Er besucht sie mit großer Regelmäßigkeit, als personalisierte Erinnerung an all das Gute, das sie gesät hat. Schwester Germana weiß davon nichts mehr, und doch bleibt es wahr. Gutes tut man nicht, damit es im Gedächtnis bleibt. Sondern weil es die Substanz von allem ist. Wir spielen ein bisschen. Für die Kinder ist das Spiel der ernsteste Zeitvertreib, und sie haben recht. Er isst wie gewohnt ein Eis. Nichts Ungewöhnliches. Doch heute verursacht auch das Eis Husten; das war noch nie vorgekommen. Wir warten ein wenig, es wird schon vergehen. Doch es vergeht nicht. „Gehen wir nach Hause", sagt er zwischen zwei Hustenanfällen.

In Gallarate erwarten ihn Marco und Marisa; intuitiv erfassen sie, dass sich sein Zustand weiter verschlechtert hat. Zwei Tage dauert es, bis sich der Husten wieder beruhigt.

Am 10. August wird im Krankentagebuch notiert, dass er aufgrund der Schluckstörung nicht ausruhen kann. Marisa schreibt am Ende dieses Eintrags: „Er wirkt angestrengt und traurig."

Der 15. August ist Maria geweiht: „Mariä Himmelfahrt", wie es im Volksmund heißt. Als ihm früher einmal jemand vorwarf, seine Haltung Maria gegenüber sei recht kühl, antwortete er: „Ich spreche wenig darüber; es gibt Gefühle, die man schamhaft für sich behält und schützen möchte."

Ist es Maria zu verdanken, dass dieser Tag so ruhig verläuft? Eine Mutter weiß wie niemand sonst, was die Kinder brauchen. Doch ihr Sorgen bleibt den anderen verborgen; es lässt sie eher unruhig werden, dass er so still ist. Bis Mitternacht wacht jemand an seinem Bett. Es gibt ihm Sicherheit, wenn er spürt, dass jemand da ist. „Bist du immer noch hier? Jetzt ruhe dich auch aus! Geh schlafen ...!" – „Warum gehst du nicht ausruhen? Mir geht's gut, geh nur!", beharrt er.

„Gleich, Padre! Ruhen Sie sich nur aus!"

„Danke", erwidert er und überlässt sich endlich dem Schlaf.

Am Sonntag, dem 19. August, besucht ihn Padre Lombardi und erzählt, dass der Papst das Büchlein „*Il Vescovo*" („Der Bischof") mit Freude gelesen habe.

Die Krankheit hat, wenn man das so sagen darf, ihr Werk fast beendet, es fehlt nicht mehr viel, bis sein Leib für eine neue Aussaat bereit sein wird. Nach dem

VII – „Geht in Frieden!"

Mittagessen ruht er aus, genauer: Er hofft, ausruhen zu können. Doch der Husten hindert ihn daran; auch die zu Hilfe eilenden Ärzte bekommen ihn nicht in den Griff; erst am Abend zeigt er Gnade und beruhigt sich. Martini ist am Ende. Er schaut, hört zu, betrachtet nachdenklich die Schläuche in seinem Arm. Er bittet mich, näher zu treten. Ich halte mein Ohr an seine Lippen; er will wissen, wie es um ihn steht.

„Gibt es eine Möglichkeit, diesen Absturz aufzuhalten?", fragt er ernst.

„Wir tun alles Mögliche, Padre. Ruhen Sie sich jetzt aus; morgen sehen wir weiter. Soll ich die Termine im Kalender absagen?", frage ich, als würde ich einen Blinden fragen, ob er am nächsten Tag den herrlichen Sonnenaufgang sehen möchte. Eine überflüssige Frage: als ob die Antwort nicht klar wäre! Doch er sagt:

„Nein! Alles wie immer in den nächsten Tagen."
Er weiß, dass Überraschungsmomente die ganze Geschichte Gottes mit den Menschen durchziehen, dass sie aus keiner Liebesgeschichte wegzudenken sind.

Die Infusion läuft langsam. „Ich war durstig, und ihr habt mir nichts zu trinken gegeben" (Matthäus 25,42b).

Am nächsten Tag kommt Don Gianni Zappa, sein früherer Sprecher. Der Kardinal bekundet ihm erneut sein Vertrauen und dankt ihm für alles, was er getan hat. Er wird für ihn auch dann sprechen, wenn seine eigene Stimme endgültig verstummt sein wird.

Am 21. August versammeln sich die Ärzte, um über eine Änderung der Therapie zu beraten. Die Nächte sind besser; morgens frühstückt er gut. Gibt es vielleicht Hoffnung auf eine Besserung?

Am 22. August sitzen Dionigi Tettamanzi [sein Nachfolger als Erzbischof von Mailand, seit 2011 emeritiert] und Carlo Maria Martini beisammen. Beide haben den Hirtenstab des Ambrosius von Mailand getragen, beide haben ihn abgegeben. Sie wissen, wie schwer er ist. Sie sprechen wenig, danken einander und wünschen sich alles Gute.

Am selben Tag besucht ihn Don Luigi Testore. Auch er wird in seiner Funktion bestätigt, auch ihm gilt der Dank von Martini, der selbst immer nur ein paar Münzen in der Tasche hatte. Testore war für die Finanzen zuständig, aber nicht dafür bedankt sich der Kardinal, sondern für die Weise, wie zuverlässig und zurückhaltend er seine Aufgabe wahrgenommen hat: wie ein guter Nachbar, der einem in den Ferien die Blumen gießt. Luigi ist kein typischer Ökonom: Geld bedeutet ihm an sich nichts; er verwaltet es, weiß aber, dass es letztlich keinen Wert hat.

Beim Mittagessen klagt der Kardinal ein wenig über Halsschmerzen.

„Hat das heute angefangen?", fragen wir.

„Vor vielen Tagen!", antwortet er.

„Aber warum sagen Sie es erst jetzt?"

„Ich dachte, es ist nicht so wichtig, verglichen mit all dem anderen", sagt er und senkt den Blick.

Donnerstag, 23. August. Zum ersten Mal seit mehr als 60 Jahren entfällt der wöchentliche Spaziergang bzw. Ausflug. Wir bleiben zu Hause, ohne Widerstände gegen die „schwierige Freundin namens Krankheit", die inzwischen fast alles im Griff hat.

Am nächsten Tag öffnet Don Paolo Cortesi wie gewohnt die Briefe und Päckchen. Der Kardinal schaut zu, nimmt aber immer weniger Anteil. Nur langsam greift seine Hand zu den Briefen, sein Blick geht in die Ferne, wenn er seine Unterschrift unter ein Schriftstück setzt. Doch wenn einer seiner Helfer ein bekümmertes Gesicht macht und offenkundig unter etwas leidet, dann lässt er nicht locker:

„Worunter leidest du?", fragt er einfühlsam.

Wie soll man ihm erklären, dass man der Ohnmacht ins Netz gegangen ist und weiß, dass es kein Entkommen gibt? Er lächelt und möchte einen beruhigen:

„Du weißt, dass es bald vorüber ist."

In diesen Tagen nennt ihn jemand unabsichtlich „Papa" statt „Padre". Carlo Maria Martini war für viele ein *Padre*, ein Vater; jetzt, eine Woche vor seinem Tod, wird er Papa. „Sie tragen Frucht noch im Alter und bleiben voll Saft und Frische" (Psalm 92,15).

25. August. Angelo Scola und Carlo Maria Martini sitzen einander gegenüber. Jetzt trägt Scola die Bürde der Mailänder Erzdiözese. Oft möchte man seine Last loswerden und sie anderen aufbürden, eine menschlich verständliche Reaktion. In der Kirche geht das nicht: Es hieße, die Liebe dranzugeben.

Scolas Augen sind gerötet, und es liegt nicht etwa an einer Bindehautentzündung. Sie sprechen über Mailand und das dortige Durcheinander. Martini tröstet ihn wortlos; sie verabschieden sich mit einem „Danke", nicht mehr mit „Auf Wiedersehen!" Vielleicht denken sie: „A-Dieu", hin zu Gott ...

Am 27. August macht er ein paar recht entschlossene Schritte in seinem Zimmer. Gut, möchte man sagen. Doch während die Beine reagieren, versagen die Stimmbänder völlig, kein Hauch eines Vokals oder Konsonants ... Er ist komplett ohne Stimme. So war es noch nie. In seinem Gesicht zeichnet sich eine nie gesehene Enttäuschung ab. Fragend blickt er sein Gegenüber an. Ich muss etwas sagen, unverzüglich; mir kommt eine Idee.

„Jetzt zeigen wir es diesen Therapeuten, Padre!", sage ich und verkrieche mich hinter der Rückenlehne seines Stuhls.

„Machen Sie die Lippenbewegungen nach!", sage ich und stimme lauthals das Lied *„Va', pensiero"* an. Verdutzt spielt er das Spielchen mit. Er kennt das Stück gut, kennt die Pausen. Das Playback funktioniert perfekt. Wer ihm gegenübersteht, sieht ihn die Lippen bewegen und hört das Lied. Die heutige „Therapie" hat das Drama in Lachen aufgelöst ...

28. August, zwei Uhr nachts. Etwas stimmt nicht. Der Brustkorb hebt und senkt sich bei den starken Husten-

anfällen; er bekommt keine Luft. Sofort beginnen die Vorkehrungen fürs Absaugen. Es dauert zweieinhalb Stunden, bis er wieder ausruhen kann. Giovanni, sein Neffe, findet ihn nach diesem nächtlichen Kampf sehr ermattet vor. Die beiden verstehen sich ohne viele Worte; schweigend passen sie aufeinander auf.

29. August, zwei Uhr. Eine ähnliche Situation wie am Tag zuvor. Die Ruhephasen werden immer kürzer. Trotz der Müdigkeit mag sich keiner schlafen legen; die Nacht vergeht. Bischof Arturo ist herbeigeeilt, sagt leise ein paar tröstende Worte. Martini isst alleine zu Mittag, schweigend. Marco hält ihm den Teller, das Essen ist schön hergerichtet, wie ein Strahlenkranz auf weißem Grund. Er kaut lange. Unwillkürlich kommt einem in den Sinn, wie oft er über die Bedeutung der *ruminatio* gesprochen hat: über das „Wiederkäuen", das Immer-wieder-Bedenken, das Im-Herzen-Bewegen. Seit Monaten dauern die Mahlzeiten lange, doch dieses ist sicher das längste, das schwierigste, das befreiendste Mahl seines Lebens: Es geht darum, den Tod zu verdauen.

Seit Langem ist er mit dem Tod vertraut: Er hat Menschen an den Rändern Mailänder Straßen und an den alten Mauern von Jerusalem gesehen, die einen gewaltsamen Tod erlitten; er hat das aseptisch-sterile Sterben in den Kliniken miterlebt; er war dabei, als Freunde, Verwandte, Weggefährten gestorben sind; er hat den Tod gespiegelt gesehen in den Tränen der Hinterbliebenen und in seinen eigenen.

„Ich bin bereit!", sagt er aus einem Schweigen heraus, das Jahrhunderte gedauert zu haben scheint. Marco meint, er bitte ihn, den nächsten Gang zu servieren.

„Wünschen Sie sonst noch etwas, Padre?"

„Ich bin bereit für den Tod."

Der Kampf wandelt sich in Frieden. Alles ist angenommen. Früher oder später gibt auch Gott in den endlosen Kämpfen mit den Menschen nach: Wie könnte er Israel anderen überlassen?

Am Nachmittag kommen die Ärzte wieder, feilen an der Behandlung. Nach dem ewig langen Mittagessen genügt abends ein Eis. Ein Eis – und ein wenig Obst, um denjenigen, der es vorbereitet hat, nicht zu enttäuschen. Nach einem solchen Tag sehnt man sich nach Ruhe, doch das Geräusch des Absauggeräts durchdringt die Stille, die sich über das Zimmer gebreitet hat. Einen feinen Tubus hat man ihm gelegt; die Luftröhre soll auch jetzt, da die Muskeln der Krankheit nachgegeben haben, möglichst frei bleiben. Einmal hört man einen Schrei, eine unterdrückte Klage von ihm, der in seinem Leben nie geklagt hat ...

Am nächsten Morgen ist er so müde, dass er sich nicht auf den Beinen halten kann. Während der hl. Messe scheint er zu schlafen, doch am Ende der Lesung des Evangeliums sprechen seine Augen. Es ist nicht das gewohnte Leuchten nach dem Hören des Gotteswortes; eher legt er mit seinem Blick allen ein „Danke!" ins Herz. Er schaut jeden Einzelnen an. Dann schließt er wieder die Augen. Nach dem Schlusssegen verharren wir im Schweigen, dann, unerwartet, erhebt er seine Stimme:

„Die Messe ist zu Ende. Gehet hin in Frieden."

Die Tausend und Abertausend Worte, die er gesagt hat, münden ein in das Wort „Frieden". Er beschließt sein Sprechen mit demselben Wort, mit dem der Auferstandene sein neues Leben begonnen hat: „Der Friede sei mit euch!", sagt Christus. Wir leben in der ewigen Gegenwart dieses Friedens. Diesen Frieden gilt es zu empfangen, diesen Frieden gilt es zu bringen.

Die Menschen, gerade die erwachsenen und vernünftigen, sehen sich selbst als Todgeweihte; Gott denkt anders: Er weiß, dass wir immer noch wie Neugeborene sind, die öfter mal schreien und doch am liebsten selig auf dem Schoß der Mutter sitzen.

* * *

Wir dürfen nicht unachtsam werden, wir müssen ihn aufrichten, ihn stützen. Er hält mir seine Hände hin, als wollte er sagen: Halt mich fest, halte mich noch ein wenig. Er lehnt den Kopf an meine Schulter ... Bald wird er an einem anderen Ort sein, wie einst Elija: „Mein Vater, mein Vater! Wagen Israels und sein Lenker!" (2 Könige 2,12), schreit Elischa, als er dem Feuerwagen nachblickt, der den Propheten Elija an einen Ort außerhalb der Zeit bringt.

Es ist 12.30 Uhr. „Ich bin müde, lasst mich schlafen." Die Therapeuten kommen zur gewohnten Stunde. Ihre Aufgabe besteht heute bloß darin, da zu sein – wie die Alpenkette am Horizont. Das beruhigt.

Carlo Maria Martini hat viel Hoffnung gesät. Soweit das Auge reicht, sieht man, wie die Saat aufgeht. Die Mailänder „Kurie" lässt am Abend die Einladung verbreiten, für ihn zu beten. Betet, ohne ihn hättet ihr womöglich nicht hundertfach, sechzigfach, dreißigfach Frucht bringen können (vgl. Matthäus 13,23). Ob es die vielen Gebete waren, die der letzten Nacht Frieden und eine unerwartete Gelöstheit schenkten?

Von jeher ist er gewohnt, um sechs Uhr aufzustehen und zu duschen. Es ist der 31. August. Niemand wagt, ihm an diesem Tag eine Änderung seiner Gewohnheiten vorschlagen. Nach acht Uhr versammeln sich allmählich alle um sein Bett. Ein ganzes Leben liegt hinter ihm, so viele Tage, so viele Begegnungen mit Männern und Frauen, mit Groß und Klein. So viele Reisen, so viele Träume. So viele Bücher, so viele Leserinnen und Leser. So viele Schritte, so viele Blicke. So viele Jahre, so vieles, was er aufgebaut und vorangebracht hat. Die Anwesenden sind etwa zwanzig an der Zahl, aber sie stehen für alle. Man hält seine Hand, um ihn am Leben zu halten, man liest ihm aus der Schrift vor, um ihn innerlich zu stärken. Das auf stumm gestellte Telefon vibriert wie verrückt, man versucht zu antworten, versucht etwas zu sagen, doch die Worte sind leer, leer wie der Wind, der mittags draußen kräftig auflebt. Die Zedern des Libanon scheinen wie von großen, mächtigen Händen angestoßen. Es pfeift durch Türen und Fenster. Heute ist ja Freitag; erst jetzt geht es uns auf. An einem Freitag, nachmittags um drei, ist

VII – „Geht in Frieden!"

Jesus gestorben ... Es ist drei, der Zeiger geht weiter, sein Atem wird langsam und schwer, setzt öfter und länger aus.

15.40 Uhr. Alle verlassen das Zimmer, weil eine Ärztin zu einer kurzen Kontrolle kommt; nochmals wird die Behandlung leicht modifiziert. Nach drei Jahren, die wir zusammen verbracht haben, weiß ich, dass man bei Carlo Maria Martini nie abgelenkt sein sollte, nie. Ich beobachte, wie er atmet. Wie viel hat er in Bewegung gesetzt ... Dann der letzte Atemzug ...

„Gott schuf den Menschen als sein Abbild; als Abbild Gottes schuf er ihn ... Es wurde Abend und es wurde Morgen: der sechste Tag" (Genesis 1,27.31). Der Mensch empfängt Leben, und Gott ruht. Der Mensch stirbt und Gott erwacht aus dem Schlaf. Es ist 15.43 Uhr.

„Vielleicht dient die Behandlung nicht mehr", sage ich zur Ärztin, um ihre Aufmerksamkeit auf ihn zu lenken. Sie dreht sich um: „Nein, seien Sie unbesorgt." Sie wartet ein paar Sekunden: „Ja, Sie haben recht. Er ist gestorben. Erschrecken Sie nicht, in einer Minute wird er noch zweimal atmen." Die Fachleute wissen, dass es nicht einen, sondern gewissermaßen drei letzte Atemzüge gibt, einen langen, tiefen, und dann in kurzen Abständen noch einmal zwei kurze, trockene, wie das Echo in einem Wüstental.

* * *

Es folgen die üblichen Abläufe. Ein EKG bestätigt den Tod: vordergründig betrachtet eine flache Linie, doch aus anderer Warte der Beginn neuen Lebens. Die Perspektive ist entscheidend. Würden wir doch überall auf der Welt die Kunst erlernen, die Perspektive zu beachten, eine Sache von verschiedenen Seiten in den Blick zu nehmen, die vielen Perspektiven in einer Art Überblendung übereinander zu legen ...

Eine Frau bringt einen kleinen Blumenstrauß, den sie im Park vor dem Haus gepflückt hat. Wiesenblumen auf dem Tisch neben dem Bett, unter einer alten Muttergottesikone links an der Wand. In den nächsten zwei Wochen schenkt keiner dem Strauß Beachtung, keiner bemerkt dieses erste kleine Wunder: Er blüht immer noch, wie am 31. August, ohne dass sich jemand um ihn gekümmert hätte.

VII – „Geht in Frieden!"

Es ist 18 Uhr. „Ich gehe fischen" (Johannes 21,3), sagte Petrus, als Jesus gestorben war. Die sich daran anschließende Szene, die folgende Begegnung mit dem Auferstandenen kommt einigen von uns in den Sinn, als wir zu zehnt um den kleinen Altar versammelt sind. Ein Stück Brot, ein bisschen Wein, leise gesprochene Worte ... Das wird genügen ... Wir suchen Kraft: Kraft, um uns wieder aufzumachen.

1. September, neun Uhr. Man hat ihn in den Sarg gebettet, der gerade groß genug ist. Hochgewachsene Menschen haben immer Probleme: Die Türen sind niedrig, die Betten kurz, die Autos eng. Es scheint, als würde allenthalben die meist bescheidene eigene Größe zum Maßstab genommen, sogar bei den Särgen ...

Um elf, in strömendem Regen, setzt sich der Zug in Richtung Dom in Bewegung. Ich erwäge die Flucht, würde mich am liebsten absetzen. Das Telefon vibriert. Widerwillig gehe ich ran. Am anderen Ende der Leitung sagt eine väterliche Stimme, der man sich nicht widersetzen kann, mit aller Bestimmtheit: „Einen Vater begleitet man bis zum Grab."

Die Jungen der Schwalben und die kleinen Kinder kreischen auf dieselbe Weise. Die Jungen der Schwalben stürzen sich aus dem Nest, als hätten sie mit einer Drehung alle Geheimnisse des Fliegens erlernt. Die Menschenkinder wagen sich mutig einige Meter weit vors Tor, als hätten sie alle Straßen der Welt durcheilt. Die einen wie die anderen kehren am Ende heim ins Nest.

Dank

Jedem von Ihnen habe ich viel zu verdanken. Ein „Danke" ist wenig. Gott segne Sie und Ihre Lieben.

Prof. Gianni Pezzoli und sein ganzes Team; Dr. Danilo Centrella; Dr. Giorgio Bisaccia; Dr. Simona Ianna; Dr. Roberto Carlesi; Dr. Francesco Rocca; Dr. Pierdomenico Bertoni; Dr. Silvia Fossati; Dr. Isabella Luciano; Dr. Tiziana Quirino; Dr. Maria Grazia Pravettoni; Dr. Clara Abeli; Dr. Barbara Menzaghi; Dr. Paolo Giorgi; Dr. Andrea Macchi; Dr. Emilio Lualdi; Dr. Camillo Tosetto; Dr. Paola Abelli; Dr. Luciana Unnia; Dr. Antonietta Andrich; Dr. Antonio Volpe; Donata Massa; Mario Macchi; Andrea Riboni; Michele Paiotta; Massimo Raimondi; Bruna Crivelli; Tina Ignaccolo; Elisabetta Brus; Lorena Maboni; Lucia Cocco; Stefano Danielli; Ivan Romani; Marco De Lucchi; Marisa Allevi.
Kardinal Dionigi Tettamanzi; Kardinal Angelo Scola; Kardinal Godfried Danneels; Kardinal Achille Silvestrini; Carlo Roberto Maria Redaelli, Renato Corti; Bruno Forte; Arturo Aiello; Giuseppe Rocco Favale; Ciro Miniero; Filippo Strofaldi; Francesco Brugnaro; Erminio de Scalzi; Giovanni Giudici; Mario Enrico Delpini; Roberto Busti; Luigi Bettazi; Marco Ferrari; Luigi Testore; Gianni Zappa; Paolo Cortesi; Virginio Pontiggia; Virginio Colmegna; Giovanni Barbareschi; Giuseppe Grampa; Franco Brovelli; Francesco Rossi de Gasperis SJ; Carlo Casalone SJ; Nicola Gay SJ; Silvano Fausti SJ; Pino di Luccio SJ; Francesco de Luccia; Johannes Beutler SJ; Cesare Bosatra SJ und die ganze Jesuitenkommunität von Gallarate; Giovanni Arledler SJ; Georg Sporschill SJ; Paolo Gamberini SJ; Francesco Radaelli; Ghislain Lafont; Bruder Mauro und die Kommunität von Praglia; Enzo Bianchi und die Kommunität von Bose; Abt Pietro Vettorelli und die Kommunität von Montecassino; Antonio Sciortino; Luigi Mistò; Claudio Za-

Dank

nini; Stefano Bazzoli; Valeriano Pomari; Alessandro Albanese; Vincenzo Fiumara; Nicola Griffo; Ottavio Sicilia; Bruno Lancuba; Roberto Guida; Donato Orlando; Giovanni Di Napoli; Salvatore Monterosso; Maurizio Pepe; Antonio Serra; Mimmo Iervolino; Dionisio Candido; Luigi Ginami; Vincenza Morelli; Germana Iannaccone und ihre Mitschwestern; Fabiola Catalano; Candida Radaelli; Carla Miloni; Ester Garone und die Kommunität von Vallo; Maddalena Filippi und die Kommunität von Alessandria; Cecibel Ramirez; Teresa Arpino; Chiara Conte und die Kommunität von Mailand; Ignazia Angelini und die Kommunität von Viboldone; Carla Bettinelli; die Kommunität der Suore di Maria Bambina; die Kommunität der Unbefleckten Empfängnis; die Kommunität der Schwestern der Carità di Santa Giovanna Antida Thouret.

Ferruccio de Bortoli; Armando Torno; Marco Garzonio; Paolo Baldini; Pino Occhipinti; Ferruccio Parazzoli; Silvia Giacomoni; Cristina Poma; Antonella Palermo; Ignazio Marino; Alessandra Cattoi; Gabriele Albertini; Annachiara Valle; Giulio Giorello; Nicola Nicoletti; Andrea Tornielli; Gianfranco Brunelli; Alain Elkann; Vito Mancuso; Marco Roncalli; Aldo Maria Valli; Ugo Rosenberg; Marco Vergottini und Familie; Donatella Negri; Carlo Mario Mozzanica; Lino Duilio; Luciano Marigo.

Maria Luisa Rigato; Federica Radice Fossati; Susy Gandini; Piero Capetta und Familie; Hubert und Aldegonda Brenninkmeijer; Cristina Reggiani; Pascotto Federica; Mappelli Luigi; Iole Valentina Lucchese; Laura und Carla Turati; Omar Turati; Roberta Breda; Romina Mandarano; Giovanni Carro; Domenica del Bue; Marco Tagliapietra; Davide Franchi; Enrico Piccardo; Raffaella Battagliese; Marinella Ogliaruso; Angelo Scottino; Rocchina Simoniello; Nicola Poier; Barbara Scapin; Robotti Patrizia; Marco Ciani; Fabio Biffi; Bruno Musso; Paolo und Andrea Dussin; Michele Mazzi; Samuele Modena; Laura Gazzoli; Miriam Modena; Valeriano Modena; Lara Fruncillo; Cecilia Modena; Giulia Facchini und Josep; Giovanni Facchini; Maris Martini; Luciano Modena; Maria Rosa Mazzi.

Lebensdaten

15. 2. 1927   Carlo Maria Martini wird in Turin geboren.
25. 9. 1944   Eintritt in die Gesellschaft Jesu
13. 7. 1952   Priesterweihe in Chieri/Turin
1958   Promotion in Fundamentaltheologie an der Päpstlichen Universität Gregoriana mit einer Arbeit über „Das historische Problem der Auferstehung in neueren Studien"
2. 2. 1962   Feierliche Ordensprofess
1962   Professor für Textkritik am Päpstlichen Bibelinstitut in Rom
1964   Mitherausgeber einer Neuausgabe des „Novum Testamentum graece et latine" von A. Merk; Mitglied des Komitees für die Herausgabe von „The Greek New Testament"
29. 9. 1969   Ernennung zum Rektor des Päpstlichen Bibelinstituts in Rom
1978   Fastenexerzitien für Papst Paul VI.
18. 7. 1978   Ernennung zum Rektor der Päpstlichen Universität Gregoriana
29. 12. 1979   Ernennung zum Erzbischof von Mailand durch Papst Johannes Paul II.

Lebensdaten

6. 1. 1980	Bischofsweihe im Petersdom durch Johannes Paul II.
10. 2. 1980	Offizieller Amtsantritt in Mailand
1980	Beginn der „Schule des Wortes"
2. 2. 1983	Erhebung zum Kardinal
1987–1993	Präsident des Rates der Europäischen Bischofskonferenzen
1987	Beginn der Veranstaltungsreihe „Glaubensfragen" oder „Cattedra dei non credenti"
1993–1995	Mailänder Diözesansynode
2000	Ernennung zum Ehrenmitglied der Päpstlichen Akademie der Wissenschaften durch Johannes Paul II.
2002	Ehrendoktor in Erziehungswissenschaften der Katholischen Universität Sacro Cuore/Mailand
11. 7. 2002	Der Papst nimmt das Rücktrittsgesuch von Kardinal Martini als Erzbischof von Mailand an.
13 .9. 2002	Abschied von der Mailänder Diözese; Wiederaufnahme der biblischen Studien in Jerusalem, wo Kardinal Martini überwiegend lebt
11. 6. 2006	Ehrendoktor in Philosophie von der Hebräischen Universität in Jerusalem
2008	Rückkehr nach Italien aus gesundheitlichen Gründen
31. 8. 2012	Kardinal Martini stirbt im Altersheim der Jesuiten in Gallarate.

Carlo Maria Martini im Verlag Neue Stadt

Carlo M. Martini, Gottesspuren

Wie ein Vermächtnis ist dieser Sammelband mit Martinis letztem, Aufsehen erregendem Interview. Leitmotive werden sichtbar – und ein doppelter roter Faden: das Hören auf Gottes Wort und das Hören auf das, was Menschen heute bewegt. Eine tiefe Botschaft der Hoffnung: Gott ist da. Auch heute. Es ist faszinierend, seinen Spuren nachzugehen.

256 Seiten, geb., ISBN 978-3-87996-978-4

Aus dem Inhalt:
- Christus ist alles für uns: Weg, Licht, Leben
- Spuren des Gottesgeistes
- Gott als Vater aller Menschen und die Konsequenzen
- Das Geheimnis des dreifaltigen Gottes als Geheimnis der »schönen, mit-leidenden Liebe«
- Angst statt Mut? Das letzte Interview

»Unsere Kultur ist alt, unsere Kirchen sind groß, Häuser sind leer, die Organisation wuchert ... Wie können wir die Glut von der Asche befreien? ...
Die Sakramente sind keine Instrumente zur Disziplinierung, sondern eine Hilfe für die Menschen an den Wendepunkten und in den Schwächen des Lebens ... Die Art und Weise, wie wir mit Patchwork-Familien umgehen, bestimmt die Generation der Kinder ... Wie kann die Kirche den Menschen, deren Beziehung schwierig oder gescheitert ist, mit der Kraft der Sakramente zu Hilfe kommen? ...
Die Kirche ist zweihundert Jahre lang stehen geblieben. Warum bewegt sie sich nicht? Haben wir Angst? Angst statt Mut? Wo doch der Glaube das Fundament der Kirche ist ... Ich bin alt und krank und auf die Hilfe von Menschen angewiesen. Die guten Menschen um mich herum lassen mich die Liebe spüren. Diese Liebe ist stärker als die Hoffnungslosigkeit ...« (Aus dem letztem Interview mit Pater Sporschill).

Mehr unter: www.neuestadt.com

Carlo Maria Martini, Mein Leben
Autobiografische Notizen
96 Seiten, geb., mit Fotos, ISBN 978-3-87996-693-6

Carlo M. Martini, Auch die Seele kennt Tag und Nacht
Ausgehend von biblischen Texten und Zeugnissen aus der großen christlichen Tradition gibt Martini Hilfen, eigene Erfahrungen geistlicher Nacht zu deuten und zu bestehen.
96 Seiten, kart., ISBN 978-3-87996-908-1

Carlo M. Martini, So sehr hat Gott die Welt geliebt
Leitmotive des Johannesevangeliums
176 Seiten, gebunden, ISBN 978-3-87996-622-6

Carlo M. Martini, Ohne Tugend geht es nicht
Was unsere Gesellschaft braucht
96 Seiten, kartoniert, ISBN 978-3-87996-770-4

Wie der Papst denkt und was ihn bewegt
Papst Franziskus
  Jorge Mario Bergoglio
IM LICHT BESEHEN
Beiträge zu Themen unserer Zeit

176 Seiten, gebunden,
ISBN 978-3-7346-1000-4

Mehr unter: www.neuestadt.com